U0595659

国家自然科学基金项目资助

湖北省学术著作出版专项资金资助项目

现代航运与物流:安全·绿色·智能技术研究丛书

内河航运运动船舶
视觉检测算法

刘　清　梅浪奇　路萍萍　郭建明　著

武汉理工大学出版社

·武汉·

内 容 提 要

随着网络和计算机技术的飞速发展,内河航道信息化成为航运安全监管的一种有效途径,航运视频监控系统在海事监管中发挥着越来越重要的作用。为了进一步提高航运视频监控的智能化水平,本书重点研究了内河航运运动船舶视觉检测算法。为了使读者系统地了解运动船舶检测领域的理论及算法,本书分析了运动目标视觉检测和内河航运运动船舶检测的国内外研究现状,讨论了内河航运中运动船舶检测的特点和难点。从光流法、帧差法、GMM 和 codebook 这 4 种经典的算法到基于样本一致性的 ViBe 算法和 SuBSENSE 算法,由浅入深地介绍了运动船舶视觉检测算法的设计思路和方法,提出了视觉检测中需要解决的干扰问题。本书重点研究了压缩感知(Compressive Sense)中自适应动态组稀疏方法,直接从视频帧中重构出背景图像和前景图像,同时提出了基于稀疏表示和显著性检测相结合的运动船舶视觉检测算法,通过对背景模型的稀疏表示,显示出基于压缩感知的检测算法对各类场景均具有较强的适应能力。在对 6 种背景建模视觉检测算法进行定量和定性的对比分析后,本书提出了一种自适应运动目标检测策略,以同时适应不同的环境或同一环境的多种干扰。最后,介绍了本书作者团队专门为内河航运这种环境建立的运动船舶检测视频数据库和为同行研究人员学习和开展研究用的算法实验平台。

本书的特点是将算法理论分析和仿真实验相结合,可以让读者清晰地掌握算法原理和应用中存在的问题以及解决问题的方向,内容涉及信息处理、计算机视觉、智能视频监控等领域。本书可作为计算机、自动化、信息处理和交通工程等专业高年级本科生和研究生的学习用书,也可作为从事视频处理和智能视频分析等的研发人员的参考用书。

图书在版编目(CIP)数据

内河航运运动船舶视觉检测算法/刘清等著. —武汉:武汉理工大学出版社,2019.9
ISBN 978-7-5629-6136-9

Ⅰ. ①内⋯　Ⅱ. ①刘⋯　Ⅲ. ①内河运输－运输船－视觉跟踪－算法－研究
Ⅳ. ①U697.31

中国版本图书馆 CIP 数据核字(2019)第 208996 号

项目负责:陈军东　陈　硕		**责任编辑:**陈军东	
责任校对:张莉娟		**版式设计:**冯　睿	

出版发行:武汉理工大学出版社
　　　　　武汉市洪山区珞狮路 122 号　邮编:430070
　　　　　http://www.wutp.com.cn　理工图书网
　　　　　E-mail:chenjd@whut.edu.cn
经 销 者:各地新华书店
印 刷 者:武汉市宏达盛印务有限公司
开　　本:787×1092　1/16
印　　张:7.75
字　　数:131 千字
版　　次:2019 年 9 月第 1 版
印　　次:2019 年 9 月第 1 次印刷
定　　价:75.00 元(精装本)

凡购本书,如有缺页、倒页、脱页等印装质量问题,请向出版社发行部调换。
本社购书热线电话:(027)87515798　87165708

现代航运与物流:安全·绿色·智能技术研究丛书

编审委员会

主任委员:严新平

航运物流与交通规划技术系列主任委员:张培林
内 河 航 运 技 术 系 列 主 任 委 员:黄立文
船港设备绿色制造技术系列主任委员:袁成清
交通智能化与安全技术系列主任委员:吴超仲

委　　员(按姓氏笔画为序)

文元桥	邓　健	甘浪雄	田　高	白秀琴	刘　清
刘正林	刘明俊	刘敬贤	牟军敏	李海波	杨亚东
杨学忠	肖汉斌	吴建华	吴超仲	初秀民	张矢宇
张培林	陈　宁	周新聪	胡众义	钟　鸣	袁成清
徐连胜	黄　珍	黄立文	蒋惠园	蔡　薇	潘　林

秘　书　长:杨学忠
总责任编辑:陈军东

出 版 说 明

　　航运与物流作为国家交通运输事业的重要组成部分,在国民经济尤其是沿海及内陆沿河沿江省份的区域经济发展中起着举足轻重的作用。我国是一个航运大国,航运事业在经济社会发展中扮演着重要的角色。然而,我国航运事业的管理水平和技术水平还不高,离建设航运强国的发展目标还有一定的差距。为了研究我国航运交通事业发展中的安全生产、交通运输规划、设备绿色节能设计等技术与管理方面的问题,立足于安全生产这一基础前提,从航运物流与社会经济、航运物流与生态环境、航运物流与信息技术等角度用环境生态学、信息学的知识来解决我国水运交通事业绿色化和智能化发展的问题,促进我国航运事业管理水平与技术水平的提升,加快航运强国的建设。因此,武汉理工大学出版社组织了国内外一批从事现代水运交通与物流研究的专家学者编纂了《现代航运与物流:安全・绿色・智能技术研究丛书》。

　　本丛书第一期拟出版二十多种图书,分为船港设备绿色制造技术、交通智能化与安全技术、航运物流与交通规划技术、内河航运技术等四个系列。本丛书中很多著作的研究对象集中于内河航运物流,尤其是长江水系的内河航运物流。作为我国第一大内河航运水系的长江水系的航运物流,对长江经济带经济发展的促进作用十分明显。2011 年年初,国务院发布《关于加快长江等内河水运发展的意见》,提出了内河水运发展目标,即利用 10 年左右的时间,建成畅通、高效、平安、绿色的现代化内河水运体系,2020 年全国内河水路货运量将达到 30 亿吨以上,拟建成 1.9 万千米的国家高等级航道。2014 年,国家确定加强长江黄金水道建设和发展,正式提出开发长江经济带的战略构想,这是继"西部大开发"、"中部崛起"之后的又一个面向中西部地区发展的重要战略。围绕航运与物流开展深层次、全方位的科学研究,加强科研成果的传播与转化,是实现国家中西部发展战略的必然要求。我们也冀望丛书的出版能够提升我国现代航运与物流的技术和管理水平,促进社会经济的发展。

　　组织一套大型的学术著作丛书的出版是一项艰巨、复杂的任务,不可能一蹴而就。我们自 2012 年开始组织策划这套丛书的编写与出版工作,期间曾多次组织专门的研讨会对选题进行优化,首期确定的四个系列二十余种图书,将于 2017 年年底之前出版发行。本丛书的出版工作得到了湖北省学术著作出版专项资金项目的资助。本丛书涉猎的研究领域广泛,在这方面的研究成果众多,首期出版的项目不能完全包含所有的研究成果,难免挂一漏万。有鉴于此,我们将丛书设计成一个开放的体系,择机推出后续的出版项目,与读者分享更多的我国现代航运与物流业的优秀学术研究成果,以促进我国交通运输行业的专家学者在这个学术平台上的交流。

现代航运与物流:安全・绿色・智能技术研究丛书编委会

2016 年 10 月

前　　言

电子巡航系统通过高度整合传统的船舶交通管理系统（VTS）、船舶自动识别系统（AIS）、无线甚高频（VHF）、闭路电视监控系统（CCTV）等先进监管手段,建立了对船舶实施动态检测和跟踪,对通航秩序进行动态管理,对重要水域实行电子化监控和全方位覆盖的统一指挥平台。其具有巡航密度高、工作强度小、反应能力强的特点,可有效提升海事监管和应急救助能力,减少船舶碰撞、搁浅等事故和险情的发生。"十一五"期间,长江海事局、广东海事局、山东海事局、浙江海事局等在各自辖区内河重点水域、重点港区、重点桥区等纷纷布设了电子巡航系统,实时监控船舶航行、停泊及作业秩序,实现对船舶的航迹跟踪、安全预警、违法处置、信息服务等功能。

目前,国内的内河视频监控系统在推广应用中仍然存在一些不足的地方,最为突出的是其智能化程度还不高,仅作为场景观察、记录的工具,操控复杂,不能自动筛选信息并进行智能分析,还得依赖于值班人员监看视频,这容易使值班人员产生疲劳,疏漏险情信息。而且随着监控点的不断增多,一般都有几十台甚至更多台摄像机在同时工作,有海量的视频监控信息需要进行检索,仅靠人工处理显然已经无法满足实际需求。同时,船舶流量数据是海事安全监管的基础性数据,传统的视频监控系统无法通过自动识别船舶来实现船舶流量自动统计的功能,更无法实现对重点船舶或严管航段船舶的轨迹进行自动跟踪,并判断船舶是否存在违规行为。随着人工智能和大数据技术的迅猛发展,计算机视觉应用的不断成熟和推广,内河航运视频智能分析技术成为重要的研究方向。本书的作者团队在国家自然科学基金项目的支持下,专门针对内河航运视频监控系统的船舶视觉检测和跟踪技术进行了深入的研究,将研究成果撰写成《内河航运运动船舶视觉检测算法》和《内河航运船舶视觉跟踪算法》两本著作。在研究过程中基于国家自然科学基金的资助,我们广泛采集了内河航运视频监控数据,组织了武汉理工大学自动化学院一批研究生志愿者们,建立了国内第一个专门用于内河航运船舶检测和跟踪的视频数据库。为方便同行学者开展运动船舶视觉检测研究,我们还研发了算法实验平台,平台上集成了 39 种检测算法,以供同行学者学习研究之用。船舶跟踪视频数据库由《内河航运船舶视觉跟踪算法》的随书光盘发布,船舶检测视频数据库和算法实验平台由《内河航运运动船舶视觉检测算法》的随书光盘发布。

《内河航运运动船舶视觉检测算法》这本著作共分为 8 章,专门针对内河环境,从船舶特征和船舶运动特性入手,研究了经典和热门的视觉检测算法在内河航运中的应用,经过算法的理论研究和大量的对比实验分析,提出了适用于内河航运的船舶视觉检测自适应算法。本书从理论和实验两个方面详细介绍了 6 种背景建模的视觉检测算法,既是一本研究内河船舶视觉检测算法的专门著作,也可作为计算机视觉方向的读者学习视觉检测算法的参考用书。尤其是本书发布的船舶检测视频数据库是同行研究人员开展此项研究工作的重要素材,本书作者研发并随书发布的算法实验平台为相关学者提供了快速学习和体会算法性能的一个良好途径。本书的主要内容如下:

第 1 章分析了运动目标视觉检测和内河航运运动船舶检测的国内外研究现状,讨论了内河航运中运动船舶检测的特点和难点。第 2 章从光流法、帧差法、GMM 和 codebook 这 4 种经典的算法入手,介绍了运动船舶视觉检测算法设计思路和方法,提出了内河航运环境中运动船舶视觉检测中需要解决的问题。第 3 章详细介绍了基于样本一致性的 ViBe 算法和 SuBSENSE 算法的理论和实验效果,根据实验结果对 SuBSENSE 算法进行优化,优化的 SuBSENSE 算法在小船、慢船、多船序列的召回率、准确率以及 FM 值都有一定的提高。第 4 章重点研究了压缩感知(Compressive Sense)基本理论以及在运动船舶检测中的应用方法。基于 DGS 重构算法,提出了适合内河航运的多分辨率下增强的自适应动态组稀疏(Multi-resolution Enhanced Adaptive Dynamic Group Sparsity,MEADGS)算法,直接从视频帧中重构出背景图像和前景图像的方法。第 5 章基于压缩感知的稀疏表示,结合显著性检测,详细阐述了背景建模和更新方法(SCSD 算法)。通过算法的理论和实验分析显示,基于稀疏表示和显著性检测结合的背景建模对内河各类场景均具有较强的适应能力,既能较好地检测运动速度较慢的船舶,也能较好地检测体积较大的船舶,能消除伪目标、弥补空洞,大大降低了漏检率。第 6 章选取了 GMM 算法、codebook 算法、ViBe 算法、优化的 SuBSENSE 算法(记为 OpSubSENSE)、SCSD 算法以及 MEADGS 算法这 6 种背景建模视觉检测算法,利用检测视频库的视频素材进行实验,通过定量和定性方法对 6 种算法进行对比分析。第 7 章提出了一种自适应运动船舶视觉检测策略,以同时适应不同的环境或同一环境的多种干扰。最后,第 8 章介绍了本书作者团队专门为内河航运这种环境建立的运动船舶检测视频数据库和为同行研究人员学习和开展研究用的算法实验平台。

本书由刘清、梅浪奇、路萍萍、郭建明共同编写,课题组徐小强副教授与武汉理工大学自动化学院硕士研究生李静、陈志华、周雅琪、熊燕帆、叶玲利、江源远、黄明晶、朱琳、高雪瑛、方晴、贾磊等参与了相关资料收集、视频采集、资料校对、实验样本的标记加工、实验平台建设和维护等大量烦琐细致的工作,本书的出版凝聚了他们的心血和智慧。本书的算法实验平台和船舶检测视频数据库的建立需要采集大量的内河航运监控视频,我们的工作得到了长江海事局、广东海事局等单位的大力支持和协助,得到了武汉理工大学航运学院文元桥教授和郝勇副教授的支持和协助,在此表示衷心感谢。

本书的出版得到了国家自然科学基金项目"面向电子巡航的内河视频智能分析算法研究"(项目编号为 51279152)的资助。

由于作者水平有限,书中难免有错误和疏漏之处,恳请读者批评指正!

作　者
2018 年 9 月

目　　录

第1章 绪 论

1.1 研究的目的和意义

我国内河水路资源十分丰富,河道纵横交错,集中形成了 7 大水系。早在 2007 年,国务院就批准了"一纵两横两网十八线"的内河航道布局规划[1],形成了我国高等级航道网,是内河水运在综合运输体系中发挥重要作用的保障。根据 2012—2017 年交通运输部公开发表的统计公报[2-7],内河航道通航总里程在 2012—2015 年间呈现稳步增长趋势,在 2015 年达到 12.70 万千米,其中等级航道达 6.63 万千米,占总里程的 52.2%,而在 2015—2017 年间内河航道通航总里程基本稳定在12.70 万千米,重点放在提高等级航道里程数,2017 年三级及以上航道达 1.25 万千米,占总里程的 9.8%,如表 1-1 所示。同时,内河水运承担着我国运输中的重要任务,2017 年内河运输完成货运量 37.05 亿吨,货物周转量为 14948.68 亿吨·千米[7],内河水运已成为我国水资源利用的不可或缺的组成部分,具有占地少、运能大、污染小、能耗低、安全可靠等优势,是我国实现可持续发展的重要战略资源[8]。

表 1-1 2012—2017 年航道通航里程建设情况(单位:千米)

航道等级	2012 年	2013 年	2014 年	2015 年	2016 年	2017 年
全国内河航道通航里程	12.50 万	12.59 万	12.63 万	12.70 万	12.71 万	12.70 万
一级航道	1395	1395	1341	1341	1342	1546
二级航道	3014	3043	3443	3443	3681	3999
三级航道	5485	5763	6069	6760	7054	6913
四级航道	8366	8796	9301	10680	10862	10781
五级航道	8160	8600	8298	7862	7485	7566
六级航道	19275	19190	18997	18277	18150	18007
七级航道	18023	18113	17913	17891	17835	17348

[表注:表中数据来源于《交通运输行业发展统计公报》(2012—2017 年)]

我国十分重视内河航运的发展,内河建设投资额逐年增加[2-7],表 1-2 所示为 2012—2017 年的内河建设投资总额。2014 年,交通运输部的工作会议提出加快以"智慧交通"为关键的"四个交通"建设要求,开拓"四化"途径,即现代化、科学化、信息化、标准化,加快长江等内河航运发展,极大地推动了我国内河水运现代化、航道信息化的建设步伐[9]。2016 年 12 月 14 日,通过专家评审的《湖北省内河航运"十三五"发展规划》提出进一步加强水运服务功能、促进水运信息化发展[10]。

2006 年,国际航标协会提出"e-航海"概念,将全球定位系统(Global Positioning System,GPS)、船舶交通服务系统(Vessel Traffic Service,VTS)、自动识别系统(Automatic Identification System,AIS)、闭路电视系统(Closed Circuit Television,CCTV)、气象信息系统(WMO Information System,WIS)、共享水位信息系统等先进技术进行融合,实现辖区巡航监视、重点水域监控、重点船舶动态跟踪、船舶交通秩序与维护、发现和纠正船舶违章行为、船舶违章取证及证据保存等功能[11]。自 2011 年 7 月 1 日起,长江海事局在芜湖和武汉正式启动"电子巡航系统"试点,在辖区范围内逐步推广应用,最终达到全面覆盖[12],截止到 2015 年,共建设了 21 个雷达站、5 个 VTS 中心、62 个 AIS 基站,设计了标准的长江海事局 CCTV 监控系统平台,接入了 281 个不同类型的视频监控信号,包括 116 个移动信号和 165 个固定信号,实现了部分重点水域的可视化监控,并将搜救现场图像实时传输到各级指挥中心[13]。2016 年,长江海事局通过电子巡航系统纠正了 3.1 万多艘船舶的违法行为,提供了 34 万余次交通服务,监控了 32 万多艘重点船舶,有效避免了 650 余起险情[14],在一定程度上降低了船舶违章率,提高了船舶违章纠正率,提升了安全监管效率,降低了监管成本,提高了航运监管的准确性和自动化水平。电子巡航系统已成为长江海事安全监管的重要技术手段。

表 1-2   2012—2017 年内河建设投资总额(单位:亿元)

年份	2012	2013	2014	2015	2016	2017
内河建设投资额	489.68	545.97	508.12	546.54	552.15	569.39

[表注:表中数据来源于《交通运输行业发展统计公报》(2012—2017 年)]

当前,我国电子巡航系统中各技术系统比较分散,相互独立。CCTV 系统主要用于实时、直观地获取水域中船舶的交通动态,实现对船舶和相关环境"看得见"的功能。由于这样的 CCTV 系统只具备"眼"的功能,需要相对专业的人员进行及时操作和实时监控,不仅人力、物力消耗大,而且可能由于人工对视频长期监视而产生疲劳,发生漏检的情况。若能对 CCTV 监控系统采集的视频进行自动分析处理,对问题船舶进行自动检测并实施跟踪,分析船舶的动态行为,在某种程度上不仅可以解放人力,而且能提高输出信息的准确性和及时性。

随着模式识别、计算机视觉、机器学习、人工智能等技术的迅猛发展,将这些技术应用于 CCTV 监控系统采集的内河航运视频分析中,可以实现监控视频中目标的自动检测和跟踪,将有利于推动内河航运安全监管由传统方式逐步向智能化方式的转变。利用图像处理、智能分析计算等先进技术,从内河航运视频中检测出运动船舶,结合 AIS 等其他手段识别船舶类型、分析船舶运动信息(如速度)等,可以实现船舶超载、逆行、追越,甚至碰撞、撞桥等违规和危险信息的自动报警,实现内河航运海事智能监管。因此,基于内河航运视频监控的运动船舶视觉检测是内河航运安全监管的关键技术之一,是船舶跟踪以及船舶动态行为分析的基础和前提,具有极其重要的研究意义。

1.2　国内外研究现状

1.2.1　内河船舶检测系统国内外研究现状

国际上相对成熟的、完善的内河航运安全监管体系主要有欧盟的内河航运信息服务系统(River Information Service,RIS)、美国的内河航运信息服务系统(Intelligent Waterway System and Waterway Information Network,IWS)、国际海事组织的"地区海上电子高速公路"(Marine Electronic Highway,MEH)实验项目、芬兰的 Coast Watch 系统、英国的运河自动观测系统、日本的电子航海支持系统(Electronic Navigation Support System,ENSS)等[15]。它们所使用的内河船舶检测技术手段主要有:(1)红外探测技术,利用红外成像的特点,提出基于形态学重构的船舶检测算法;(2)射频识别技术(Ratio Frequency Identification,RFID),将电子标签附在船舶上,通过读写器识别电子标签来识别船舶;(3)传感器技术,利用若干个传感器实时监控内河中的通航船舶信息;(4)计算机视觉技术,对获取的视频进行前景与背景分离,由此来检测船舶。每种技术手段均有其优缺点,表 1-3 将这 4 种技术手段的优缺点进行了对比。就整体而言,计算机视觉技术具有监控范围广、易于存储等优点,虽然其检测结果的准确性在一定程度上受恶劣天气的影响,但随着图像去雾等方向的快速发展,可采用其他辅助手段提升检测准确率。

表 1-3　内河船舶检测技术手段优缺点对比

技术手段	优　点	缺　点
红外探测技术	受恶劣天气影响小	红外线受温度影响大,环境温度或光照发生变化时检测精度低
射频识别技术	受环境因素制约小,可检测多只船舶	安装成本高,船舶信息保密强度差
传感器技术	受温度和光照变化影响小	测量范围有限,超声波装置复杂,实施不便,使用寿命短
计算机视觉技术	监控范围广,信息易存储	一定程度上受恶劣天气影响

1.2.2　运动目标视觉检测国内外研究现状

传统的运动目标视觉检测算法包括:光流法[16-19]、帧差法[20-23] 以及背景差分法。其中,光流法是通过像素点在图像灰度模式下的运动矢量来提取和跟踪目标,检测准确性高,但其计算复杂且抗干扰能力差,若没有特定的硬件支持则难以满足实时处理的要求。帧差法是这三种算法类型中相对简单高效的一种算法,其原理是在连续的图像序列中对相邻帧进行差分,并且对差分图像进行二值化以提取图像中的运动区域。帧差法虽然能有效适应环境的动态变化,但是难以获得完整的运动目标,检测时容易出现空洞现象,检测效果不理想。而背景差分法不仅能适应动态的环境,而且能够检测出完整的目标形状,因此一直受到研究人员的青睐。以下重点分析背景差分法的基本原理和国内外研究现状。

（1）背景差分法的基本原理

背景差分法又称为背景减除法,主要由背景建模、像素分类、后处理、背景更新四个部分组成,这四个部分的关系如图 1-1 所示。背景建模是利用图像序列的训练集或初始帧获得整个图像序列的背景图像;像素分类是针对新来的每一帧,根据与背景图像的差异来判断应该归类为背景,还是归类为前景;后处理是得到的检测结果中可能含有一些噪声,可以通过膨胀或腐蚀操作去除噪声;图像序列的背景图像并不是一成不变的,可能会随着环境的变化而变化,因此背景更新是为了实现长时间鲁棒的运动目标检测,需要以一定的更新率更新背景图像的像素值。

图 1-1　背景差分法的组成及工作流程示意图

（2）背景差分法的国内外研究现状

背景差分算法的核心是要训练出一个精准的背景模型，这样才能得到准确的前景模型。因此，不同的研究人员提出不同的训练方法，形成了不同的背景差分算法。典型的有 Wren 等人在 1997 年提出的单高斯背景模型（Single-Gaussian Model，SGM）算法[24]。SGM 算法使用单个高斯分布模拟像素点随时间的变化规律，并根据其像素观测值是否与它的背景高斯模型相匹配来判断其属于前景像素还是背景像素。SGM 算法容易实现且广泛应用于一些相对简单的室内场景。为了适应复杂的户外环境，Stauffer 和 Grimson 于 1999 年提出了混合高斯模型（Gaussian Mixture Model，GMM）算法[25]。GMM 算法使用由若干个单高斯分布组合形成的混合高斯函数模型模拟像素点随时间的变化规律，并利用线性逼近来更新该模型。很显然，GMM 算法较 SGM 算法对光照变化、背景周期性扰动等具有较强的适应性，其算法的实用性更强。因此，多种改进的 GMM 算法相继被提出[26-30]。但由于 GMM 算法存在一个假设条件：图像必须符合高斯模型。文献[30]提出的自然图像并非都是高斯模型，使得其在实际应用中存在局限性，而且 GMM 算法难以适应背景剧烈变化的场景。2006 年，Kim 等人提出了 codebook 算法[31]，其基本思想是：在长时间的图像序列中，将分类为背景像素的观测值添加到 codebook 模型中，从而建立一个结构化的背景模型。codebook 算法能适应有限内存下周期性变化的场景，检测效果良好，但是其对光照变化比较敏感，对内存要求高。2011 年，Barnich 等人抛开估计背景像素点的概率密度函数这个思路，提出了一种基于样本的非参数视觉背景提取（Visual Background extractor，ViBe）算法[32]。该算法的基本思想是为每一个像素点建立一个样本集，而不是一个明确的像素模型，并通过将各像素点的观测值与对应的样本集进行匹配来实现对前景目标的检测。ViBe 算法实现简单且对环境具有较强的适应性，其不足是难以适应前景目标颜色与背景相近的场景。2014 年，St-Charles P.L 等人提出了依赖时空的二进制特征与颜色信息的自平衡敏感分割（Self-Balanced Sensitivity Segmentation，SuBSENSE）算法[33]。SuBSENSE 算法融入了像素点邻域的纹理信息，一定程度上提高了对低清晰度场景下运动目标的检测能力。

SuBSENSE 算法提出的自适应反馈机制，能够自动寻找最优参数，使得算法在 2012 CDNet[34] 和 2014 CDNet 数据集[35] 上都取得了优异的成绩。也正是由于使用了复杂的反馈机制，降低了 SuBSENSE 算法的实时性。除此之外，还有 Elgammal 等人提出的 KDE(Kernel Density Estimation) 算法[36]、Wang 等人提出的 SACON (Sample Consensus) 算法[37]、Hofmann 等人提出的 PBAS(Pixel-Based Adaptive Segmenter) 算法[38]、St-Charles 等人提出的 PAWCS(Pixel-based Adaptive Word Consensus Segmenter) 算法[39] 等。这些背景差分算法均是对背景进行建模并根据当前像素的颜色特征是否与其背景模型相匹配来判断该像素属于前景还是背景图像。检测过程中通过对背景模型的学习来适应环境的动态变化。当运动目标与前景图像颜色相近时，应用这些方法对运动目标检测会出现明显的漏检现象。

2008 年，Cevher 等人提出了一种基于压缩感知(Compressive Sensing, CS)[40-41] 理论来建立背景模型的背景差分运动目标检测算法[42]。该算法利用前景图像的稀疏性，通过 CS 理论直接重构出前景和背景图像，不需要预先对背景进行建模。而且检测过程中只需要学习以适应背景的低维压缩表示，而无须直接对背景模型进行学习。这样就大大降低了算法对运动目标颜色特征的依赖，为运动目标与背景图像颜色相近的检测提供了一种很好的途径，引起了相关研究人员的关注。因此，Huang 等人于 2009 年基于前景图像的动态组稀疏特性，提出自适应动态组稀疏(Adaptive Dynamic Group Sparsity，AdaDGS)背景差分算法[43]，解决了 Cevher 的算法对环境变化适应能力不足的问题。Huang 等人主要更新了字典[43]，而 St-Charles 等人提出保持字典不变，利用平均稀疏系数进行背景建模[44]。St-Charles 等人根据稀疏系数的均值满足高斯分布这一约束来消除噪声干扰，但不能完全消除水面波纹的影响。由于此方法没有明确指出背景更新机制，对于第一帧视频序列就有前景目标时检测会出现"鬼影"。2016 年，Seo 等人提出了一种低维空间下对动态纹理进行稀疏表示的背景差分算法[45]，提高了算法对动态纹理的适应能力。

上述各种背景差分算法虽然能较好地适应某种场景，且在特定的数据集上表现良好，但由于运动目标和外部环境的多样性，某一个特定的算法难以保证在不同的条件下都具有良好的检测表现。虽然还有其他的运动目标检测算法相继被提出[46-49]，但目前依然没有一种算法能同时适应不同的环境，并获得良好的检测效果。

1.2.3 基于背景差分法的内河运动船舶检测研究现状

在内河航运视频监控下的运动船舶检测的算法研究中,相关研究团队、专家和学者相对较少,公开发表的研究成果也不多。我们在项目的研究过程中,分别在 Web of Science 数据库和 Engineering Village 数据库中用"inland waterway"+"ship/vessel detection"或者"visual"+"ship/vessel detection"进行全文检索,与本书内容直接相关的文献有 2 篇[50,51];在 CNKI 数据库中用"内河"+"运动船舶检测"作为关键词检索到相关论文和博硕士学位论文分别有 11 篇。文献[51]首先利用视频中前 N 帧图像的中值建立背景模型,然后根据滑动窗口内的最小差分法得到差分图像,最后利用改进的学习函数更新背景模型。文献[52]和文献[53]分别采用混合高斯模型和改进的混合高斯模型提取运动船舶。文献[54]分别将混合高斯模型、codebook 算法、ViBe 算法应用于内河航运视频监控中的运动船舶检测,并详细说明了这几种算法的适应性与优缺点,可以看出:背景差分法是研究内河航运视频监控中运动船舶检测的有效方法。

1.3 运动船舶视觉检测的特点与难点

1.3.1 特点分析

内河航运视频监控中的运动船舶检测隶属于运动目标视觉检测范畴,但与目标视觉检测有很大的不同。目标视觉检测也就是目标提取,是在图像中根据目标的颜色、形状、轮廓、纹理等一系列特征分割出目标;而运动目标检测,除了前面提到的特征,还应加入运动特征。

内河航运视频监控中运动船舶检测与研究范围相对于运动车辆检测的实现技术手段不同。车辆和船舶都是刚性目标,两者最主要的区别是:车辆视频采集使用的是高清摄像头,安装在车道上方的立杆上,其监控范围较窄,一般在几十米内;而内河 CCTV 摄像头安装在河岸边,其监控范围广,一般都为几百米至几千米。车辆占图像的比例比船舶占图像的比例大,且内河春、秋、冬季河区容易起雾,导致内河视频的清晰度比车辆视频的清晰度差、对比度差。同时,车辆长度较小,运动速度快,船舶正好与之相反,因此内河航运视频监控中船舶视觉检测在一定程度上提高了检测难度。

内河航运视频监控中的运动船舶检测与近海中的运动船舶检测也有明显的不同,近海上的航道比内河宽阔,而且场景单一,即使有一些背景,也可能都很遥远,图像中大部分面域都是水面;而内河场景非常复杂,既包括运动船舶,还包括河面、天空、峡谷、群山、楼房等背景,而且这些背景常常融合在一起,背景提取和更新的难度更大。当然,无论是近海还是内河船舶,在运动过程中都会产生波纹,也会经历光照变化等,使检测难度加大。

1.3.2　难点分析

由内河航运视频监控中运动船舶检测的特点可知,要实现运动船舶的有效监测,其难点主要体现在以下几个方面:

(1)船舶数目:内河航运监控视频中可能存在多艘船,只能监测单船的方法就不适用。而且当视频中同时存在一条慢船和一条快船时,由于背景更新率是全局设置的,快船区域和慢船区域背景更新的速度是相同的,慢船就可能被当作背景,从而导致漏检。

(2)天气条件:不同天气条件下拍摄到的视频质量相差较大,在阴雨天气下,摄像机镜头有雨滴,采集到的视频画面模糊,图像对比度较低;反之,在晴天,光照充足的天气下拍摄到的视频画面十分清晰,图像对比度高。甚至在冬季雾霾严重的情况下,肉眼几乎看不到远处的船舶,对运动船舶检测提出了更高的要求,此时需要对视频进行预处理,如图像去雾、图像增强等。

(3)光照变化:光照变化又分为缓慢变化和突然变化。内河场景下,不同时段光照强度不同,在缓慢变化的情况下,需要背景更新模块能逐渐适应这种变化。光照突然改变时,背景更新模块不能快速地响应这种变化,此时需要对背景进行重置。

(4)尺度变化:船舶在面向或远离摄像头行驶时,尺度会发生变化。

(5)船舶速度:首先,在内河上运行并受到监管的船舶种类繁多,主要有客船、货船、工作船、公务船、拖船等,它们的形状、大小、运动速度各异,快艇的运动速度非常快,而货船的运动速度很慢,在图像序列相邻几十帧中表现为船艏和船艉的少数像素的变化,而船身中间的像素几乎相同。在背景更新的过程中,船身中间的像素易被当作背景来处理,只能检测出船艏和船艉的目标,船身中间有很大的空洞,易造成严重的漏检。

(6)背景复杂多变:内河场景下背景并不是静止的,摇晃的树叶、波光粼粼的水面、飘动的白云都会造成噪声干扰。

（7）间歇性运动：场景中会出现船舶运动一段时间后静止或先静止一段时间后再开始航行的情况，这种情况下，如果背景更新较慢，容易出现"鬼影"现象。

（8）内河航运中干扰复杂：如阴影、水波纹等，在水波纹中不仅有近岸的碎波，还有船舶运行过程中带起的波纹，例如快艇带起的波纹，相较于碎波，这种波纹更难消除。

（9）前景目标与背景的相似性：内河航道中，山与某些货船颜色十分相近，且快艇的窗户与水面颜色接近，颜色差距小于一定的阈值，总是被当作背景，造成空洞。

（10）实时性要求：将运动目标检测应用于具体实际时，都要考虑到实时性要求。有些算法的性能好，但复杂度较高，而硬件设备的内存有限，不能很好地保证算法的实时性。

1.4　算法性能评价指标

在运动目标检测领域，相关学者、专家及团队整合了相对完备、具有代表性的数据集，如 Wallflower 数据集、IBM 数据集、PETS 数据集、CDNet2012 数据集、CDNet2014 数据集等。为客观公正地评价算法的好坏，需要对数据集进行标定，图 1-2 展示了 CDNet2014 数据集中某视频的基准图 groundtruth，白色是运动目标，黑色是背景，灰色是阴影。将检测到的结果与标定结果进行对比，可判断出算法的优缺点以及适用的场景。国际上的评估体系主要有 CAVIAR（Context Aware Vision using Image-based Active Recognition）、VACE（Video Analysis and Content Extraction）、CLEAR（Classification of Events，Activities and Relationships）和 PETS（Performance Evaluation of Tracking and Surveillance）等[55]，而国内在这方面的研究较少，这些评估体系可被分为像素级别的评估、目标级别的评估以及像素与目标的综合评估[56]。由于某种算法可能为解决某一方面的问题，只在众多评估准则中选取几个评价指标，所以目前缺少一个标准的、精确的评估体系，下面只介绍常用的像素级别评价指标。

如图 1-3 所示，以像素为单位统计图像中前景、背景的像素个数，得到 TP（True Positive）、FP（False Positive）、TN（True Negative）、FN（False Negative）4 个统计量。其中，TP 表示检测为前景且基准图 groundtruth 中也为前景的像素个

数;FP 表示检测为前景但基准图 groundtruth 中为背景的像素个数;TN 表示检测为背景但基准图 groundtruth 中为前景的像素个数;FN 表示检测为背景且基准图 groundtruth 中也为背景的像素个数。几个衡量指标如下:

召回率:$Recall = \dfrac{TP}{TP + FN}$

准确率:$Precision = \dfrac{TP}{TP + FP}$

异值率:$Specificity = \dfrac{TN}{TN + FP}$

误检率(False Positive Rate):$FPR = \dfrac{FP}{TN + FP}$

漏检率(False Negative Rate):$FNR = \dfrac{FN}{TP + FN}$

虚警率(False Alarm Rate):$FAR = \dfrac{FP}{TP + FP}$

正分类比例(Percentage of Correct Classifications):$PCC = \dfrac{100 \times (TN + TP)}{TP + FN + FP + TN}$

误分类比例(Percentage of Wrong Classifications):$PWC = \dfrac{100 \times (FN + FP)}{TP + FN + FP + TN}$

综合评价指标:$F\text{-}measure = \dfrac{2 \times (Precision \times Recall)}{Precision + Recall}$

准确率反映了正确检测的像素个数占检测出的前景总像素个数的百分比;召回率反映了正确检测的像素个数占真实前景个数的百分比。召回率与漏检率的和为 1,召回率越高,漏检率越低;准确率与虚警率的和为 1,准确率越高,虚警率越低;误检率与异值率的和为 1,异值率越高,误检率越低。通常,准确率和召回率都是越高越好,但实际应用中两者是相互制约的关系,可能召回率高,准确率低;或者召回率低,准确率高。所以,常用召回率和准确率的调和平均值 *F-measure* 作为综合评价指标寻求平衡点。在后面章节的实验比较分析中,我们只采用召回率(简写为 *Re*)、准确率(简写为 *Pr*)、*F-measure*(简写为 *FM*)作为评价指标。

图 1-2　CDNet2014 数据集 highway 左边为输入，右边为基准图 groundtruth

		检测结果	
		目标	背景
groundtruth	目标	TP（白）	FN（红）
	背景	FP（绿）	TN（黑）

图 1-3　评价指标参数示意图

参 考 文 献

［1］　王玉芬.关于推进内河水运科学发展的探讨［J］.交通运输部管理干部学院学报,2015，
25（3）:3-10.

［2］　中华人民共和国交通运输部.2012 年公路水路交通运输行业发展统计公报［EB/OL］.
http://www. mot. gov. cn/fenxigongbao/hangyegongbao/201510/t20151013_1894759. html，
2013-04-25.

［3］　中华人民共和国交通运输部.2013 年交通运输行业发展统计公报［EB/OL］.http://
www. mot. gov. cn/zfxxgk/bnssj/zhghs/201405/t20140513_1618277. html，2014-
05-13.

［4］　中华人民共和国交通运输部.2014 年交通运输行业发展统计公报［EB/OL］.http://
www. mot. gov. cn/zfxxgk/bnssj/zhghs/201504/t20150430_1810598. html，2015-
04-30.

［5］　中华人民共和国交通运输部.2015 年交通运输行业发展统计公报［EB/OL］.http://
zizhan. mot. gov. cn/zfxxgk/bnssj/zhghs/201605/t20160506_2024006. html，2016-
05-06.

［6］　中华人民共和国交通运输部.2016 年交通运输行业发展统计公报［EB/OL］.http://
zizhan. mot. gov. cn/zfxxgk/bnssj/zhghs/201704/t20170417_2191106. html，2017-

04-17.

[7]　中华人民共和国交通运输部. 2017 年交通运输行业发展统计公报[EB/OL]. http://
　　　zizhan. mot. gov. cn/zfxxgk/bnssj/zhghs/201803/t20180329 _ 3005087. html, 2018-
　　　03-30.

[8]　吕永祥,刘怀汉,何乐. 内河航道科技发展预测研究[J]. 交通科技,2016(01):173-176.

[9]　宋成果,郭涛,李学祥. 我国内河航道信息化发展现状[J]. 水运工程,2014(12):20-25.

[10]　湖北省港航局. 《湖北省内河航运"十三五"发展规划》通过专家审查[EB/OL].
　　　http://www. hbghj. gov. cn/zwdt/syyw/10626. htm,2016-12-14.

[11]　谢弟海. 电子巡航系统在海事监管中的应用与研究[J]. 中国水运(下半月),2016
　　　(09):50-51.

[12]　江长运. 基于电子巡航的长江干线海事动态监管模式研究[D]. 武汉:武汉理工大
　　　学,2014.

[13]　李江,张帆. 有痕管理　无打扰服务——长江海事局开展电子巡航纪实[J]. 中国海
　　　事,2015(04):26-29.

[14]　孙永政. 长江海事局 2016 年成功救助 3888 名遇险人员[EB/OL]. http://news. cnr.
　　　cn/native/city/20170118/t20170118_523497325. shtml,2017-01-18.

[15]　郝勇,李翌阳,陈仕祥,等. 电子巡航系统信息特征及在海事监管中的应用[J]. 中国航
　　　海,2014(01):11-15.

[16]　HORN B K P,SCHUNCK B G. Determining optical flow [J]. Artificial Intelligence,
　　　1981,17(81):185-203.

[17]　BAKER S, SCHARSTEIN D, LEWIS J P, et al. A database and evaluation
　　　methodology for optical flow [C]//IEEE International Conference of Computer
　　　Vision. IEEE,2007,92(1):1-8.

[18]　BOUGUET J Y. Pyramidal implementation of the Lucas Kanade feature tracker
　　　description of the algorithm [J]. Intel Corporation Microprocessor Research Labs
　　　Tech Rep,1999,22(2):363-381.

[19]　张佳威,支瑞峰. 光流算法比较分析研究[J]. 现代电子技术,2013(13):39-42.

[20]　ALI A T,DAGLESS E L. Alternative practical methods for moving object detection
　　　[C]//International Conference on Image Processing and its Applications. IET,
　　　Maastricht,Holland,1992:77-80.

[21]　郝毫刚,陈家琪. 基于五帧差分和背景差分的运动目标检测算法[J]. 计算机工程,
　　　2012,38(04):146-148.

[22]　张玲,陈丽敏,何伟,等. 基于视频的改进帧差法在车流量检测中的应用[J]. 重庆大学

学报,2004,27(5):31-33.

[23] 邱道尹,张文静,顾波,等. 帧差法在运动目标实时跟踪中的应用[J]. 华北水利水电学院学报,2009,30(3):45-46.

[24] WREN C R,AZARBAYEJANI A,DARRELL T,et al. Pfinder:real-time tracking of the human body [C]// International Conference on Automatic Face and Gesture Recognition,1997,2615(7):51-56.

[25] STAUFFER C,GRIMASON W E L. Adaptive background mixture models for real-time tracking [C]. IEEE Computer Vision and Pattern Recognition, Piscataway, 1999(2):246-252.

[26] STAUFFER C,GRIMSON W E L. Learning patterns of activity using real-time tracking [J]. IEEE Transactions on Pattern Analysis and Machine Intelligence,2000,22(8): 747-757.

[27] ZIVKOVIC Z. Improved adaptive Gaussian mixture model for background subtraction [C]//International Conference on Pattern Recognition (ICPR), UK: Cambridge, 2004(2):28 - 31.

[28] VARCHEIE P, SILLS L M,Bilodeau G A. A multiscale region-based motion detection and background subtraction algorithm [J]. Sensors, 2010, 10 (2): 1041-1061.

[29] WANG Y, LIANG Y, ZHANG L, et al. Adaptive spatiotemporal background modelling [J]. IET Computer Vision,2012,6(5):451-458.

[30] SRIVASTAVA A,LEE A B,Simoncelli E P. On advances in statistical modeling of natural images [J]. Journal of Mathematical Imaging and Vision, 2003, 18 (1): 17-33.

[31] KIM K,Chalidabhongse T H,Harwood D,et al. Real-time foreground-background segmentation using codebook model [J]. Real-Time Imaging,2005,11(3):172-185.

[32] BARRICH O, VAN D M. ViBe:A universal background subtraction algorithm for video sequences [J]. IEEE Transactions on Image Processing, 2011, 20 (6): 1709-1724.

[33] ST-CHARLES P L,BILODEAU G A,Bergevin R. SuBSENSE:a universal change detection method with local adaptive sensitivity [J]. IEEE Transactions on Image Processing,2014,24(1):359-373.

[34] GOYETTE N,JODOIN P M,Porikli F,et al. Changedetection net:a new change detection Benchmark dataset [C]//Computer Vision and Pattern Recognition

Workshops,2012:1-8.

[35]　WANG Y,JODOIN P M,PORIKLI F,et al. CDnet 2014:An expanded change detection benchmark dataset ［C］//IEEE Computer Vision and Pattern Recognition Workshops. IEEE,2014:393-400.

[36]　ELGAMMAL A,HARWOOD D,DAVIS L. Non-parametric model for background subtraction ［J］. Lecture Notes in Computer Science,2000(1843):751-767.

[37]　WANG H,SUTER D,SUTER D. Background subtraction based on a robust consensus method ［C］//International Conference on Pattern Recognition,. IEEE Computer Society,2006(1):223-226.

[38]　HOFMANN M,TIEFENBACHER P,RIGOLL G. Background segmentation with feedback:the pixel-based adaptive segmenter ［C］// 2012 IEEE Computer Society Conference on Computer Vision and Pattern Recognition Workshops. IEEE,2012: 38-43.

[39]　ST-CHARLES P L,BILODEAU G,BERGEVIN R. A self-adjusting approach to change detection based on background word consensus ［C］//IEEE Winter Conference on Applications of Computer Vision. IEEE Computer Society,2015:990-997.

[40]　DONOHO D L. Compressed sensing ［J］. IEEE Transactions on Information Theory,2006,52(4):1289-1306.

[41]　CANDES E J,ROMBERG J,TAO T. Robust uncertainty principles:exact signal reconstruction from highly incomplete frequency information ［J］. IEEE Transactions on Information Theory,2004,52(2):489-509.

[42]　CHELLAPPA R ,BARANIUK R G ,CEVHER V. Compressive sensing for background subtraction ［C］// European Conference on Computer Vision. Springer-Verlag,2008,5303(4):155-168.

[43]　HUANG J,HUANG X,METAXAS D N. Learning with dynamic group sparsity ［C］//IEEE International Conference on Computer Vision. IEEE,2009,30(2): 64-71.

[44]　ST-CHARLES P L,BILODEAU G A,Bergevin R. Flexible background subtraction with self-balanced local sensitivity ［C］//IEEE Conference on Computer Vision and Pattern Recognition Workshops (CVPR). IEEE,2014:414-419.

[45]　SEO J W,KIM S D. Dynamic background subtraction via sparse representation of dynamic textures in a low-dimensional subspace ［J］. Signal,Image and Video Processing,2016,10(1):29-36.

[46]　DAVID C, GUI V. Sparse coding and Gaussian modeling of coefficients average for background subtraction [C]. International Symposium on Image and Signal Processing and Analysis. IEEE, 2013:230-235.

[47]　CHEN C, PENG Z, HUANG J O. Algorithms for Overlapping Group Sparsity [C]. International Conference on Pattern Recognition. IEEE, 2014:1645-1650.

[48]　HAN G, WANG J, CAI X. Background subtraction based on three-dimensional discrete wavelet transform [J]. Sensors, 2016, 16(4):456.

[49]　ZHOU H, SU G, JIANG X. Dynamic foreground detection based on improved Codebook model [J]. Journal of Photographic Science, 2016, 64(2):109-117.

[50]　ARSHAD N, MOON K S, KIM J N. An adaptive moving ship detection and tracking based on edge information and morphological operations [C]//International Conference on Graphic and Image Processing. International Society for Optics and Photonics, 2011:649-656.

[51]　HU W, YANG C, HUANG D. Robust real-time ship detection and tracking for visual surveillance of cage aquaculture [J]. Journal of Visual Communication and Image Representation, 2011, 22(6):543-556.

[52]　范钦. 基于数字图像处理的船舶流量检测[J]. 中国水运(下半月), 2011(10):86-87.

[53]　滕飞, 刘清, 朱琳, 等. 波纹干扰抑制下内河 CCTV 系统运动船舶检测[J]. 计算机仿真, 2015(06):247-250.

[54]　方秀丽. 基于运动船舶视频的背景建模算法研究[D]. 武汉:武汉理工大学, 2013.

[55]　KARASULU B, KORUKOGLU S. A software for performance evaluation and comparison of people detection and tracking methods in video processing [J]. Multimedia Tools and Applications, 2011, 55(3):677-723.

[56]　李鹏飞, 陈朝武, 李晓峰. 智能视频算法评估综述[J]. 计算机辅助设计与图形学学报, 2010(02):352-360.

第 2 章　　经典的运动目标检测算法

本章选择光流法、帧差法、GMM 和 codebook 这 4 种经典的运动目标检测算法原理进行介绍和系统分析,分析各算法的特点和适用场景,然后在采集的内河航运监控视频数据集上对各运动目标检测算法分别进行实验,对实验结果进行分析比较,力图从实践层面运用这 4 种经典的检测算法来分析利用内河航运监控视频对运动船舶视觉检测的情况,并解决相应的技术问题。

2.1　光流法

2.1.1　光流法原理

光流是指三维空间中运动物体在二维观测面上各像素点运动所产生的二维瞬时速度场。三维空间中物体的运动可以用运动场描述,而在二维图像平面上则可以通过图像序列中各帧图像的灰度分布差异来表现。将三维空间中运动场投影到二维图像上则表现为运动物体的光流场。当空间中的物体运动时,图像中各个像素点的速度矢量也会发生变化,进而改变二维图像上的光流场。通过对图像光流场的动态分析就可以实现对运动目标的检测[1]。若不存在运动目标,则整个图像区域的光流场将连续变化;反之,运动目标区域的光流场将与邻域背景不同,从而能够检测出运动场的位置。

在推导光流场的光流约束条件前,首先给出两个假设[2]:

假设 2-1:亮度恒定。即平面图像中目标区域的像素在相邻帧间运动时,其在外观上保持不变。对于灰度图像,则像素在逐帧移动时其灰度值不发生变化。

假设 2-2:时间连续或者运动是"小运动",图像的运动随时间的变化比较缓慢。即相对于图像中像素的运动速度而言,时间变化的幅度足够小。

若图像某像素点 (x,y) 在 t 时刻的灰度值为 $I(x,y,t)$,并在 $t+\Delta t$ 时刻运动到 $(x+\Delta x,y+\Delta y)$ 处,灰度值为 $I(x+\Delta x,y+\Delta y,t+\Delta t)$。根据假设 2-1,当 $\Delta t \rightarrow 0$ 时,有:

$$I(x + \Delta x, y + \Delta y, t + \Delta t) = I(x, y, t) \tag{2-1}$$

将式(2-1)进行 Taylor 级数展开,得到:

$$I(x, y, t) + \Delta x \frac{\partial I}{\partial x} + \Delta y \frac{\partial I}{\partial y} + \Delta t \frac{\partial I}{\partial t} + o(\mathrm{d}t^2) = I(x, y, t) \tag{2-2}$$

忽略高阶项 $o(\mathrm{d}t^2)$,两边同时除以 Δt,则有:

$$\frac{\partial I}{\partial x} \frac{\Delta x}{\Delta t} + \frac{\partial I}{\partial y} \frac{\Delta y}{\Delta t} + \frac{\partial I}{\partial t} = 0 \tag{2-3}$$

根据假设,式(2-3)中时间的变化足够小,即目标在帧间移动的速度可记为 $u = \frac{\Delta x}{\Delta t}, v = \frac{\Delta y}{\Delta t}$,则式(2-3)可表示为下式:

$$I_x u + I_y v + I_t = 0 \tag{2-4}$$

其中,$I_x = \frac{\partial I}{\partial x}, I_y = \frac{\partial I}{\partial y}, I_t = \frac{\partial I}{\partial t}$ 可以直接由原图像序列估计计算得到。式(2-4)即为灰度图像光流场的光流约束方程。

然而,根据式(2-4)无法求出确定像素点 (x, y) 光流场的两个速度分量 u 和 v,只能求得与光流约束方程法线方向垂直的运动分量,这就是光流法中的孔径问题[3]。为了求解出 u 和 v,必须增加其他的约束条件。

依据整幅图像上光流通常进行光滑变化的特性,Horn 和 Schunck 首次提出了全局平滑约束条件[2],结合光流约束方程,解决了 u 和 v 的求解问题。然而在实际应用中,由于运动物体边缘的光流场并不平滑,该算法在检测运动物体的边界点时,表现不佳。鉴于此,Lucas 和 Kanade 提出了局部平滑性约束条件[3],其假设各像素点的速度矢量在一个足够小的空间邻域上保持恒定,并通过加权最小二乘法对图像的光流进行估计。除此之外,还有 Nagel 提出的有向平滑约束条件[4],Otte 等人提出的局部约束条件[5] 等,为光流分析方法提供了不同的思路。

2.1.2 Horn-Schunck 算法

Horn-Schunck(HS)算法常用于求解稠密光流,其基于以下假设:

假设 2-3:全局平滑约束。整幅图像上的光流光滑变化,即速度随时间的变化率为零。

根据假设 2-3,可将光流场的求解问题转化为对其全局能量方程的最小化问题,即

$$\min\{E = \iint[(I_xu + I_yv + I_t)^2 + \alpha^2(\parallel\nabla u\parallel^2 + \parallel\nabla v\parallel^2)]\mathrm{d}x\mathrm{d}y\} \quad (2\text{-}5)$$

其中，$\nabla = \dfrac{\partial^2}{\partial x^2} + \dfrac{\partial^2}{\partial y^2}$ 为拉普拉斯算子，α 为规则化参数。较大的 α 可以获得更平滑

的光流向量 $\begin{bmatrix} u \\ v \end{bmatrix}$。式（2-5）可通过多维的欧拉 - 拉格朗日方程组求解，即

$$\left.\begin{aligned} \frac{\partial L}{\partial u} - \frac{\partial}{\partial x}\frac{\partial L}{\partial u_x} - \frac{\partial}{\partial y}\frac{\partial L}{\partial u_y} = 0 \\ \frac{\partial L}{\partial v} - \frac{\partial}{\partial x}\frac{\partial L}{\partial v_x} - \frac{\partial}{\partial y}\frac{\partial L}{\partial v_y} = 0 \end{aligned}\right\} \quad (2\text{-}6)$$

其中，$L = [(I_xu + I_yv + I_t)^2 + \alpha^2(\parallel\nabla u\parallel^2 + \parallel\nabla v\parallel^2)]$ 为式（2-5）中的被积函数，
则有：

$$\left.\begin{aligned} I_x(I_xu + I_yv + I_t) - \alpha^2\nabla u = 0 \\ I_y(I_xu + I_yv + I_t) - \alpha^2\nabla v = 0 \end{aligned}\right\} \quad (2\text{-}7)$$

实际使用中，可使用有限差分法对拉普拉斯算子 ∇ 进行离散化，即

$$\nabla u(x,y) = \bar{u}(x,y) - u(x,y) \quad (2\text{-}8)$$

其中，$\bar{u}(x,y)$ 是像素 (x,y) 邻域中 u 的加权平均，对分量 v 采用相同的数学处理
方法，则式（2-7）可转化为下式：

$$\left.\begin{aligned} (I_x^2 + \alpha^2)u + I_xI_yv = \alpha^2\bar{u} - I_xI_t \\ I_xI_yu + (I_y^2 + \alpha^2)v = \alpha^2\bar{v} - I_yI_t \end{aligned}\right\} \quad (2\text{-}9)$$

式（2-9）是关于 u 和 v 的线性方程，据此可以求解出图像每个像素点的光流
速度。然而，式（2-9）的求解是以光流邻域 $\bar{u}$ 和 $\bar{v}$ 为基础的，一旦该邻域发生变
化，式（2-9）必须重新计算。鉴于此，将式（2-9）转化为下式：

$$\left.\begin{aligned} u^{k+1} = \bar{u}^k - \frac{I_x(I_x\bar{u}^k + I_y\bar{v}^k + I_t)}{\alpha^2 + I_x^2 + I_y^2} \\ v^{k+1} = \bar{v}^k - \frac{I_y(I_x\bar{u}^k + I_y\bar{v}^k + I_t)}{\alpha^2 + I_x^2 + I_y^2} \end{aligned}\right\} \quad (2\text{-}10)$$

其中，u^{k+1} 和 v^{k+1} 表示第 $k+1$ 次迭代时的光流速度。式（2-10）实质上是应用于在
同时求解所有像素时产生的大的稀疏系统的雅可比方法。

2.1.3　Lucas-Kanade 算法

Lucas-Kanade（LK）算法只需要计算每个感兴趣像素点周围的区域，可用于

求解稀疏光流。LK 算法基于如下假设：

假设 2-4：空间一致。即三维空间中位于同一表面相邻点的运动规律相似，且其在二维平面上也投影到相邻的区域。

根据假设 2-4，图像上邻域像素具有相似的运动 (u,v)。设像素点 (x,y) 的邻域窗口包含 m 个像素，记为 $\{p_1,p_2,\cdots,p_m\}$，则有：

$$\left.\begin{array}{l} I_x(p_1)u + I_y(p_1)v + I_t(p_1) = 0 \\ I_x(p_2)u + I_y(p_2)v + I_t(p_2) = 0 \\ \vdots \\ I_x(p_m)u + I_y(p_m)v + I_t(p_m) = 0 \end{array}\right\} \tag{2-11}$$

式（2-11）转化成矩阵形式：

$$\begin{bmatrix} I_x(p_1) & I_y(p_1) \\ I_x(p_2) & I_y(p_2) \\ \vdots & \vdots \\ I_x(p_m) & I_y(p_m) \end{bmatrix} \begin{bmatrix} u \\ v \end{bmatrix} = - \begin{bmatrix} I_t(p_1) \\ I_t(p_2) \\ \vdots \\ I_t(p_m) \end{bmatrix} \tag{2-12}$$

若该窗口内包含两条或两条以上边缘，则式（2-12）可使用最小二乘法求解。将式（2-12）记为

$$\boldsymbol{A}\boldsymbol{d} = \boldsymbol{b} \tag{2-13}$$

其中，$\boldsymbol{A} = \begin{bmatrix} I_x(p_1) & I_y(p_1) \\ I_x(p_2) & I_y(p_2) \\ \vdots & \vdots \\ I_x(p_m) & I_y(p_m) \end{bmatrix}$，$\boldsymbol{d} = \begin{bmatrix} u \\ v \end{bmatrix}$，$\boldsymbol{b} = - \begin{bmatrix} I_t(p_1) \\ I_t(p_2) \\ \vdots \\ I_t(p_m) \end{bmatrix}$。当 $(\boldsymbol{A}^{\mathrm{T}}\boldsymbol{A})$ 可逆时，

方程的解为

$$\begin{bmatrix} u \\ v \end{bmatrix} = (\boldsymbol{A}^{\mathrm{T}}\boldsymbol{A})^{-1}\boldsymbol{A}^{\mathrm{T}}\boldsymbol{b} \tag{2-14}$$

2.1.4　光流法分析

光流法通过计算二维图像中像素的光流场来模拟三维空间中物体的运动场。光流场的光流约束条件成立的前提是运动物体做刚性运动，且要求光照的变化是连续且平滑的。理想情况下，光流场和运动场相互吻合，可以使用光流约束方程计算图像的光流场，实现对运动目标的检测。但实际上，上述要求并不能完

全满足。一般情况下,在可接受的范围内可以认为光流场与运动场吻合,并根据图像光流场的相对运动来估计目标的运动规律。

光流法的优点在于,不需要任何关于场景的先验知识,就可以检测出运动的目标,而且能准确计算出运动物体的速度。光流法不仅能检测出静态背景下的运动目标,还可以应用于摄像机运动的情况,实现动态背景下对运动目标的检测,但也仍然存在以下缺点:

(1)光流约束方程的假设并非严格成立,加上为求解光流方程而增加的约束条件也存在一定的局限,使得光流场并不能完全反映目标真实的运动场,进而影响最后检测结果的准确性。

(2)光流法计算复杂。由于需要进行迭代运算,且精度越高所需的计算量越大,使得光流法的计算十分耗时。若没有相应的硬件支持,光流法很难满足实际应用对实时性的要求。

(3)抗噪性能差。无论光照是否发生变化,光流依然存在,会误检出运动目标。另一方面,若缺乏足够的灰度值变化,运动目标将难以被检出,出现漏检现象。

(4)将三维空间的物体运动投射到二维图像平面时,亮度会发生变化,出现信息丢失问题。

2.2　帧差法

在视频图像序列中,由于时空的一致性,相邻图像帧背景区域像素点的灰度值变化不大;而在运动目标区域,这种灰度值差异将会明显变大。根据这一特征,通过对图像序列中相邻帧图像灰度值进行差分,并对图像灰度差分值进行二值化就可以实现对运动目标的检测。

2.2.1　二帧差分法

假设一个视频序列包含视频帧,各帧图像灰度值系列为 $I_1, I_2, \cdots, I_n$,则对于任意连续的两帧图像的灰度值 I_{k-1} 和 I_k,其中 $k \in [2, n]$,有

$$\left. \begin{array}{l} I_{k-1}(x,y) = b_{k-1}(x,y) + f_{k-1}(x,y) \\ I_k(x,y) = b_k(x,y) + f_k(x,y) \end{array} \right\} \qquad (2\text{-}15)$$

其中,b_{k-1} 和 b_k 为两帧图像的背景灰度值,f_{k-1} 和 f_k 为两帧图像的前景目标灰度

值。则 I_{k-1} 和 I_k 的差分图像灰度值 D_k 为：

$$D_k(x,y) = I_k(x,y) - I_{k-1}(x,y)$$
$$= f_k(x,y) - f_{k-1}(x,y) + b_k(x,y) - b_{k-1}(x,y) \tag{2-16}$$

式(2-16)表明，图像灰度差分值 D_k 中包含背景噪声和运动目标信息差分值。通常而言，背景噪声服从高斯分布，在连续两帧图像中变化不明显，即 $b_k(x,y) \approx b_{k-1}(x,y)$，此时有：

$$D_k(x,y) \approx f_k(x,y) - f_{k-1}(x,y) \tag{2-17}$$

然后对图像灰度差分值 $D_k(x,y)$ 进行二值化即可提取运动目标 $R_k(x,y)$，即

$$R_k(x,y) = \begin{cases} 1, \text{foreground} & |D_k(x,y)| > T \\ 0, \text{background} & |D_k(x,y)| \leqslant T \end{cases} \tag{2-18}$$

其中，T 为二值化阈值。

二帧差分法计算简单，实时性强。由于 $b_k(x,y) \approx b_{k-1}(x,y)$，二帧差分法对环境变化具有很强的适应性。但其在实际应用中仍存在以下不足：由式(2-17)可知，在图像灰度差分值 D_k 中，只保留了前后两帧图像运动目标的轮廓信息，如图2-1所示，即出现了目标内部空洞和边缘重影现象。当目标运动速度较大时，空洞问题得到抑制，但是重影严重；当目标运动速度较小时，重影问题不明显，但空洞严重。

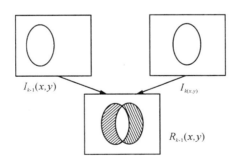

图 2-1　二帧差分法示意图

2.2.2　三帧差分法

与二帧差分法相比，三帧差分法是通过对连续三帧图像进行差分来实现对运动目标更加准确的检测。其具体算法如下：

在视频帧图像灰度值序列 $I_1, I_2, \cdots, I_n$ 中，取连续的三帧图像的灰度值 I_{k-1}、I_k 和 I_{k+1}，其中 $k \in [2, n-1]$。首先计算相邻两帧间的灰度差分值 D_k 和 D_{k+1}：

$$D_k(x, y) = I_k(x, y) - I_{k-1}(x, y) \\ D_{k+1}(x, y) = I_{k+1}(x, y) - I_k(x, y) \Big\} \tag{2-19}$$

然后分别对差分值 $D_k(x, y)$ 和 $D_{k+1}(x, y)$ 进行二值化,提取运动目标 $R_k(x, y)$ 和 $R_{k+1}(x, y)$,如下有:

$$R_k(x, y) = \begin{cases} 1, \text{foreground} & |D_k(x, y)| > T \\ 0, \text{background} & |D_k(x, y)| \leqslant T \end{cases}$$

$$R_{k+1}(x, y) = \begin{cases} 1 & \text{foreground} & |D_{k+1}(x, y)| > T \\ 0 & \text{background} & |D_{k+1}(x, y)| \leqslant T \end{cases} \Bigg\} \tag{2-20}$$

再对二值化图像 $R_k(x, y)$ 和 $R_{k+1}(x, y)$ 进行逻辑"与"操作,得到当前帧图像灰度值 I_k 的前景图像 B_k:

$$B_k(x, y) = R_k(x, y) \otimes R_{k+1}(x, y) \tag{2-21}$$

在三帧差分法中,重影问题得到了有效的改善,如图 2-2 所示,提取的前景只出现在当前帧的运动目标的真实区域中。目标运动速度越大,提取的前景越接近真实的运动目标区域。但是当目标运动速度较小时,提取的前景目标漏检严重,依然存在空洞问题。由于噪声点在二值化图像 R_k 和 R_{k+1} 中同一位置同时出现的概率极低,三帧差分法对噪声也起到了一定的抑制作用。

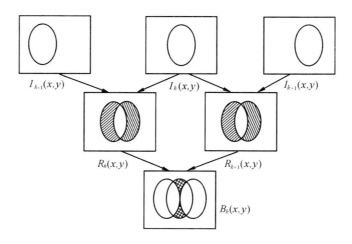

图 2-2　三帧差分法示意图

2.3　背景差分算法

2.3.1　混合高斯模型算法

基于背景差分的运动目标检测算法中,较为经典的是由 Stauffer 与 Grimson 于 1999 年所提出的混合高斯背景建模方法(GMM)[6]。该算法的基本思想是采用多个高斯模型对背景的多峰值状态进行拟合从而建立背景模型,再将当前图像与背景模型进行比较,从而对像素点进行分类。

GMM 算法基于以下假设:

假设 2-5:图像序列中各个像素点随时间的分布规律为 K 个高斯分布的线性组合。

如图 2-3 所示,假设 4 号线为图像某一点的像素值随时域的分布,Gassua1、Gassua2 和 Gassua3 为三个高斯分布。则 4 号曲线的第一个波峰可用 Gassua1 和 Gassua2 来模拟,第二个波峰用 Gassua3 来模拟。根据检测场景的不同,高斯模型的个数 K 可以不同,K 值越大,能表达的场景越复杂,但同时计算量也越大。

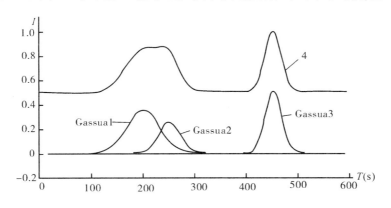

图 2-3　混合高斯模型对场景的描述

GMM 算法包含模型建立、模型匹配、模型更新和前景判别 4 个部分,以下分别介绍各部分的原理。

(1) 模型建立

图像序列中每个像素随时间的变化可以看作是该像素点的"像素流"。对于任意时刻 k,某个特定像素点 (x_0,y_0) 处的像素流表示为

$$\{X_1,\cdots,X_k\} = \{I_i(x_0,y_0):1 \leqslant i \leqslant k\} \tag{2-22}$$

其中，I_i 为 i 时刻的图像序列。根据假设 2-5，像素点 (x_0,y_0) 处的像素流 $\{X_1,\cdots,X_k\}$ 可由 K 个高斯分布的线性表示。则当前观测到的像素值的概率为

$$P(X_k) = \sum_{i=1}^{K} \omega_{i,k} \times \eta(X_k,\mu_{i,k},\textstyle\sum_{i,k}) \tag{2-23}$$

其中，K 为高斯分布模型的个数；$\omega_{i,k}$ 为第 i 个高斯分布模型在 k 时刻的权重；$\mu_{i,k}$ 和 $\sum_{i,k}$ 分别为第 i 个高斯分布模型在 k 时刻的均值和协方差矩阵。且 η 为高斯概率密度函数，即

$$\eta(X_k,\mu,\textstyle\sum) = \frac{1}{(2\pi)^{n/2} \mid \sum \mid^{1/2}} \mathrm{e}^{-(X_k-\mu)^{\mathrm{T}}\sum^{-1}(X_k-\mu)/2} \tag{2-24}$$

其中，n 为像素值 X_k 的维数，若图像为彩色图像，则 $n=3$。假设图像的红、绿和蓝三个颜色的通道相互独立，且具有相同的分布。则协方差矩阵 $\sum_{i,k}$ 为对角矩阵，即

$$\textstyle\sum_{i,k} = \sigma_i^2 I \tag{2-25}$$

（2）模型匹配

建立了背景的混合高斯模型后，对于 k 时刻的视频帧，将图像中每一个像素 X_k 分别与 K 个高斯模型进行匹配，匹配的公式如下

$$\mid X_k - \mu_{i,k} \mid \leqslant T_0\sigma_{i,k} \tag{2-26}$$

其中，$\sigma_{i,k}$ 表示 k 时刻第 i 个高斯分布模型的标准差；T_0 为匹配阈值，通常取值为 2.5。考虑到阴影区域和明亮区域中运动目标像素值的差异，为每一个像素点分别设置 T_0 值将获得更好的检测结果。在这种情况下，若采用全局的 T_0 值将出现明显的目标漏检现象。

若 X_k 与所有 K 个高斯模型都不匹配，则新建一个高斯模型来替代权重最小的高斯模型。新的高斯模型的均值设置为 X_k，并初始化一个较大的方差和较小的权重。

（3）模型更新

匹配结束后，通过如下公式对 k 时刻 K 个高斯分布的权重 $w_{i,k}$ 进行更新：

$$w_{i,k} = (1-\alpha)w_{i,k-1} + \alpha M_{i,k} \tag{2-27}$$

其中，α 为权重的学习因子，决定了模型的更新速度。当 X_k 与第 i 个高斯分布匹配时，$M_{i,k}=1$；否则 $M_{i,k}=0$。根据式（2-27）对 K 个高斯分布的权重更新后，还需对所有的权重进行归一化处理。

针对均值和方差,与 X_k 不匹配的高斯模型将保持不变,而与 X_k 匹配的高斯模型根据下列公式进行更新:

$$\mu_k = (1 - \rho)\mu_{k-1} + \rho X_k \tag{2-28}$$

$$\sigma_k^2 = (1 - \rho)\sigma_{k-1}^2 + \rho(X_k - \mu_k)^{\mathrm{T}}(X_k - \mu_k) \tag{2-29}$$

其中,ρ 为均值 μ_k 和方差 σ_k^2 的学习因子,且有:

$$\rho = \alpha\eta(X_k \mid \mu_i, \sigma_i) \tag{2-30}$$

(4) 前景判别

在 GMM 算法中,每个像素点的背景模型包含多个高斯分布。当模型的参数随着时间变化时,需要确定哪些高斯分布最有可能表征背景,从而实现对各个像素点的分类。

一般而言,对于图像中持续存在的背景区域,由式(2-27)可知,其对应的权重随着时间会逐渐增加,同时该区域对应的方差将变小。而当运动目标出现时,该区域像素点通常不会与对应的各个背景高斯分布匹配。此时,模型新建另一个含有较大的方差和较小的权重的高斯分布并增加现有高斯分布的方差。而且,运动目标区域像素的方差将持续大于背景区域像素的方差,直至目标停止运动。

鉴于此,可使用权重和方差的商 w/σ 来对各个高斯分布表征背景的能力进行排序。排序靠前的高斯分布具有较大的权重和较小的方差,表明该高斯分布与像素值匹配的概率较大,且像素值变化平稳,最能表征背景。

在对各高斯分布排序后,选择前 B 个高斯分布来表征背景。B 满足下式:

$$B = \mathrm{argmin}_b\left(\sum_{k=1}^{b} w_k > T\right) \tag{2-31}$$

其中,T 为预定义的阈值,用于设置模型中背景所占的比例。较小的 T 容易使背景模型出现单峰现象,此时背景只由排名最靠前的高斯分布表征,适用于背景相对平稳的场景。较大的 T 则会使背景呈多模态分布,此时背景模型将包含多种颜色,适用于背景周期变化的场景(如摇曳的树叶、飘扬的旗帜、波动的水面等)。

GMM 算法利用 K 个高斯分布的加权组合来表征背景像素随时间的变化规律,能够描述由阴影、镜面反射、树枝摇曳等引起的背景多模态分布。同时,通过对各个高斯分布参数的学习更新,GMM 能适应缓慢变化的光照。

混合高斯模型的一个显著优势在于,当某些前景像素点被误识别为背景时不会破坏现有的背景模型。原始的背景颜色信息仍将被保留,直到其所在的高斯分布的权重最小。因此,当长时间静止以至于被判定为背景的前景目标再次运动时,混合高斯模型中依然保存的原始背景分布的权重将迅速增加,并重新主导该处的背景模型。

然而,GMM 算法在实际应用中仍存在以下几个缺陷:

(1)在很多视频序列中,假设 2-5 并非一定成立。如处在背景突变或背景剧烈变化的场景时,此时 GMM 模型不能很好地模拟背景像素随时间的变化规律。

(2)GMM 算法利用时间的连续性对各像素点独立建模,忽略了相邻像素点的空间相关性,降低了对噪声和干扰的适应能力,在检测运动目标时容易出现误检现象。

根据式(2-27)～式(2-30)可知,GMM 算法的参数在每次更新时变化不大,模型的收敛速度慢,难以及时地适应场景随时间的变化。

2.3.2　codebook 算法

codebook 算法最早由韩国学者 Kim 于 2005 年提出[7]。在长时间的图像序列中,其将每个像素点的背景像素值放入到一个称为 codebook 的背景模型中,从而建立一个结构化的背景模型。该模型在存储空间和计算耗时上均优于先前的背景建模方法,并能有效地适应动态背景和变化光照的情况。

定义某一个像素点在 N 帧图像中的训练序列为 $\{X_1, X_2, \cdots, X_N\}$,且其包含 L 个码字的码本为 $\xi = \{c_1, c_2, \cdots, c_L\}$。对于每一个码字 $c_i, i = 1, \cdots, L$,其由两个部分组成,分别是 RGB 向量 $v_i = (R_i, G_i, B_i)$ 和元组 $aux_i = [\breve{I}_i, \hat{I}_i, f_i, \lambda_i, p_i, q_i]$。元组 aux_i 的 6 个变量含义如下:

$\breve{I}_i, \hat{I}_i$:分别表示分配给该码字的像素中最低、最高亮度范围;

f_i:码字出现的频率;

λ_i:最大负运行周期,即训练期间码字没有出现的最长时间周期;

p_i、q_i:分别表示该码字在出现后第一次和最后一次被访问的时间(帧序列)。

在 codebook 模型的初始化过程中,对于 $t = 1$ 时刻,直接用第一帧图像初始化该像素的码本模型,即初始化 $\xi = \{c_1\}$,在码字中,RGB 向量 $v_1 = (R_1, G_1, B_1)$ 且元组 $aux_1 = [I_1, I_1, 1, 0, 1, 1]$。对于 $k = 2, \cdots, N$ 时刻,使用该像素的实时采样值 X_k 与当前时刻的码本模型中各个码字 c_m 进行匹配,匹配条件如下:

$$colordist(X_k, v_m) \leqslant \varepsilon_1 \tag{2-32}$$

$$brightness(I_k, [\breve{I}_m, \hat{I}_m]) = \text{true} \tag{2-33}$$

式(2-32)为颜色失真度约束，ε_1 为颜色失真度阈值，$colordist(X_k,v_m)$ 的计算过程为

$$colordist(X_k,v_m) = \sqrt{\|X_k\|^2 - p_0^2} \tag{2-34}$$

其中，p_0 为 X_k 在 v_m 上的投影，计算公式为

$$p_0^2 = \|X_k\|^2\cos^2\theta = \frac{[X_k,v_m]^2}{\|v_m\|^2} \tag{2-35}$$

式(2-33)为亮度约束，即

$$brightness(I_k,[\breve{I}_m,\hat{I}_m]) = \begin{cases} \text{true}, & \text{if}\,\breve{I}_m \leqslant \|X_k\| \leqslant \hat{I}_m \\ \text{false}, & \text{otherwise} \end{cases} \tag{2-36}$$

若 X_k 与码字 c_m 匹配，即满足式(2-32)和式(2-33)的约束条件，此时使用下式对 c_m 进行更新：

$$v_m = (\frac{f_m\boldsymbol{R}_m + R}{f_m + 1}, \frac{f_m\boldsymbol{G}_m + G}{f_m + 1}, \frac{f_m\boldsymbol{B}_m + B}{f_m + 1}) \tag{2-37}$$

$$\text{aux}_m = [\min\{I,\breve{I}_m\}, \max\{I,\hat{I}_m\}, f_m + 1, \max\{\lambda_m, k - q_m\}, p_m, k] \tag{2-38}$$

其中，R、G、B 为 X_k 的三个颜色分量，$I = \sqrt{R^2 + G^2 + B^2}$。

若 X_k 不匹配于码本 ξ 中任意一个码字，则新建一个码字 c_{L+1} 加入到 ξ 中。新的码字 c_{L+1} 为：

$$v_{L+1} = (R,G,B) \tag{2-39}$$

$$\text{aux}_{L+1} = [I,I,1,k-1,k,k] \tag{2-40}$$

对所有 N 帧序列按上述步骤训练结束后即得到了结构化的 codebook 模型，即该图像序列的背景模型。

实际上，建立的 codebook 模型在包含背景信息的同时，还可能包含运动的前景目标信息和噪声，影响了对运动目标的检测效果。因此，在建立了 codebook 模型后，还需要删除其中不需要的码字条目。

通常而言，背景区域的像素采样值为有界周期内的值。如图 2-4 所示，显示了树叶上某个像素随时间的变化。由图可以发现，当像素点为天空颜色时，λ 非常小，约为 15；当其为树叶颜色时，λ 为 100；而当有行人通过时，λ 值较大，为 280。因此，通过设置一个合理的阈值 T_ξ，就可以有效地区分码本中哪些码字表达的是运动目标信息，哪些是背景信息。即真实的背景码字为

$$\zeta = \{c_m \mid c_m \in \xi \wedge \lambda_m \leqslant T_\xi\} \tag{2-41}$$

式(2-41)表明，λ 值较大的码字将从码本模型中删除。T_ζ 一般可取值为训练帧数的一半，即 $T_\zeta = N/2$。此时，所有的码字每隔 $N/2$ 帧应该至少出现一次。

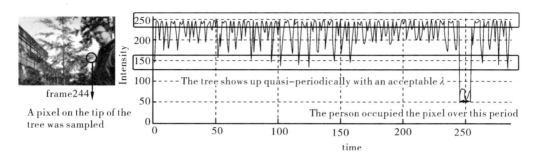

图 2-4　树叶上某个像素随时间的变化

codebook 算法通过将各像素点的观测值与对应码本模型进行匹配来实现对前景目标的检测。对于待检测的像素样本 X，其与对应码本模型中各个码字匹配的条件为

$$colordist(X, v_m) \leqslant \varepsilon_2 \tag{2-42}$$

$$brightness(I, [\check{I}_m, \hat{I}_m]) = \text{true} \tag{2-43}$$

若码本中存在与 X 相匹配的码字 c_m，则该像素点分类为背景，同时按照公式(2-37)和式(2-38)对该像素点的码本模型进行更新。反之，则将该像素点分类为前景，且码本保持不变。

与 GMM 算法相比，codebook 算法的一个显著特点是不需要假设像素点变化符合高斯分布或者其他的参数分布，使得其能适应更复杂的场景。另一方面，codebook 算法在进行码本匹配时，不涉及任何的概率计算，使得其匹配时计算量小，检测速度快。

2.4　实验对比分析

为了了解经典的运动目标检测算法在内河航运中的应用情况，前面对 4 种经典的运动目标检测算法在内河航运中的表现进行了对比分析。这 4 种算法分别是 HS 光流法(HSOpFlow)，三帧差分法(Sub3)，GMM 算法和 codebook 算法。其中，GMM 代码由专业的网站 GitHub(https：// github. com/andrewssobral/bgslibrary.)提供，其余为本书作者提供。为了更加客观地对比各算法的性能，本书不仅截取了视频帧检测的结果，而且通过准确率 Pr、召回率 Re 以及综合评价指标 FM 来定量地比较这四种算法的整体性能。本书使用的所有视频素材来源于长江航运现场的实地拍摄,包括 24 段图像序列,其中包含了不同的内河环境和船舶行为特征。各算法的参数均调整至最优状态。

2.4.1　定性实验结果及分析

图 2-5 为 4 种算法对部分图像序列的检测结果。选取的 7 个各有不同特点的图像序列,分别是序列 1 的船舶尺寸大,航行速度快且有水波纹干扰;序列 2 清晰度低且船舶航行速度慢;序列 3 船舶尺寸大且航行速度慢;序列 4 和序列 5 船舶航行速度慢,且序列 5 中含多条船;序列 6 和序列 7 船舶尺寸小且序列 6 中有光照干扰。图 2-5 中从左到右分别是 7 个图像序列的第 400、600、700、800、1000、1200、1400 帧。第一行图像是测试帧,第二行是运动目标的真实标记,其他 4 行依次是 HSOpFlow 算法、Sub3 算法、GMM 算法和 codebook 算法的检测结果。

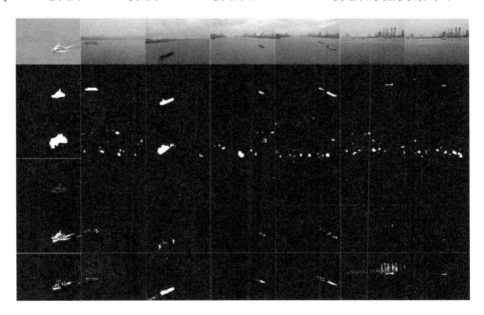

图 2-5　4 种算法对部分图像序列的检测结果

在图 2-5 中,HSOpFlow 算法只能检测出体积较大的船舶目标,即序列 1 和序列 3;对于其他图像系列,HSOpFlow 算法则完全丢失了运动目标。同时该算法在检测船舶目标时误检严重,尤其是运动船舶周围区域以及水波纹变化剧烈的区域。Sub3 算法虽然有效抑制了水波纹和背景扰动,但是漏检严重,只在船舶行驶速度较快的序列 1 中检测出运动船舶的部分区域,其他序列则几乎完全丢失了前景目标。GMM 算法同样能有效抑制水波纹和背景扰动,且相对于 Sub3 算法,其对漏检问题有明显的改善,对船舶航行速度较快的序列 1 能较为完整地检测出运动船舶;然而在检查慢速行驶的船舶目标时,GMM 算法依然漏检严重。Codebook 算法相对于 GMM 算法对漏检问题有明显改善,检测的船舶目标较为完整。其不足之处是难以有效地抑制水波纹和光照干扰。

2.4.2 定量实验结果及分析

为了定量地分析这 4 种算法在内河航运中的表现,对采集的 24 个图像序列进行了进一步的实验。24 个图像序列被分为了五类,分别是简单场景 baseline、动态背景 dynamic、小尺寸船舶 smallship、慢速船舶 slowship 以及低清晰度场景 mistiness。表 2-1 给出了各算法检测各类图像序列的准确率 Pr、召回率 Re,以及综合评价指标 FM 值。

表 2-1　4 种算法对各类图像序列的检测结果

算法	指标	baseline	dynamic	smallship	slowship	mistiness	overall
HSOpFlow	Re	0.115	0.403	0.126	0.24	0.03	0.183
	Pr	0.048	0.239	0.06	0.128	0.01	0.097
	FM	0.06	0.258	0.081	0.16	0.0146	0.115
Sub3	Re	0.001	0.03	0.003	0.001	0.004	0.008
	Pr	0.317	0.445	0.222	0.242	0.818	0.409
	FM	0.012	0.055	0.005	0.002	0.002	0.015
GMM	Re	0.174	0.373	0.162	0.1	0.098	0.181
	Pr	0.325	0.37	0.232	0.272	0.454	0.331
	FM	0.222	0.357	0.167	0.145	0.136	0.205
codebook	Re	0.689	0.513	0.706	0.308	0.153	0.474
	Pr	0.733	0.368	0.407	0.275	0.932	0.543
	FM	0.678	0.418	0.459	0.27	0.223	0.410

在表 2-1 中,Sub3 算法的 Pr 值较高,但其 Re 值很低,漏检十分严重。Sub3 的综合评价指标 FM 值为 0.015,排名最低,不适用于内河航运中对运动船舶的检测。HSOpFlow 算法的 Re 值较高,但其 Pr 值最低,误检严重。HSOpFlow 算法的综合评价指标 FM 为 0.115,依然较低,也不适用于内河航运场景。GMM 算法的 Pr 和 Re 均较高,综合评价指标 FM 值为 0.205,相对于 HSOpFlow 和 Sub3 算法

有显著的提高。codebook 算法的 Re、Pr 和 FM 值在四种算法中均排名第一,且相对于 GMM 算法有明显的提高,表现最佳。上述数据体现了背景差分算法在内河航运中的优势。尽管如此,GMM 算法和 codebook 算法的综合评价指标值均低于 0.5,难以满足实际应用的要求。因此,后续章节将研究更加精确的背景模型以及更加有效的模型更新机制,以实现对内河航运中运动船舶的精确检测。

参 考 文 献

[1]　GAO P,SUN X,WANG W. Moving object detection based on Kirsch Operator combined with optical flow [C]//International Conference on Image Analysis and Signal Processing. IEEE,2010:620-624.

[2]　HORN B K P,SCHUNCK B G. Determining optical flow[J]. Artificial Intelligence,1981,17 (1 - 3):185-203.

[3]　LUCAS B D, KANADE T. An iterative image registration technique with an application to stereo vision [C]//International Joint Conference on Artificial Intelligence . Morgan Kaufmann Publishers Inc. 1981:674-679.

[4]　NAGEL H H. Constraints for the estimation of displacement vector fields from image sequences [C]// Eighth International Joint Conference on Artificial Intelligence. DBLP,1983:945-951.

[5]　OTTE M,NAGEL H H. Optical flow estimation:Advances and comparisons [C]// European Conference on Computer Vision,1994(800):51-60.

[6]　STAUFFER C,GRIMSON W. Adaptive background mixture models for real-time tracking [C]//Computer Vision and Pattern Recognition,Piscataway. IEEE Xplore, 1999(2):246-252.

[7]　KIM K,CHALIDABHONGSE T H,Harwood D,et al. Real-time foreground-background segmentation using codebook model [J]. Real-Time Imaging,2005,11(3):172-185.

第3章　基于样本一致性的检测算法

　　由于 GMM 对光照变化、背景周期性扰动具有较强的适应性,因此得到了广泛的应用。但概率密度函数的估计计算量非常大,难以实现对视频的实时检测,而且需要存储一段时间的训练集像素特征值,对内存的要求较高。2011 年比利时学者 Olivier Barnich 基于样本一致性提出了 ViBe 算法[1],2014 年 St-Charles 等人基于 ViBe 算法的思想,在背景建模的特征上增加了局部二值相似模式特征(Local Binary Similar Pattern,LBSP),提出参数自适应反馈机制实时调整样本个数 N、时间采样因子 T 等参数,建立了 SuBSENSE 算法[2]。ViBe 算法和 SuBSENSE 算法不需要估计背景像素点的概率密度函数,而是在图像序列的首帧随机采样,为每个像素点建立样本集,将以后的每一帧与样本集中的样本进行比较,从而判断该像素的性质,并进行像素分类。本章重点介绍基于样本一致性的 ViBe 和 SuBSENSE 检测算法。

3.1　ViBe 算法

3.1.1　背景模型初始化

像素点的样本采集过程,即背景模型初始化的过程具体如下:

　　首先定义 $i(x,y)$ 为给定的欧式颜色空间中位于图像上坐标位置为 (x,y) 处的像素值,v_t 为该点的第 t 个背景样本的值,每个背景点 (x,y) 由 N 个背景样本值进行建模,有:

$$M(x,y) = \{i_1, i_2, \cdots, i_N\} \quad (3-1)$$

　　$M(x,y)$ 为该点的样本集合;$i_1, i_2, \cdots, i_N$ 为组成样本集的样本值。依据相邻像素点拥有类似的像素值空间分布这一特性,在视频第一帧中随机地从该像素点的邻域范围内选取这 N 个背景样本值,就能够在视频初始帧建立背景模型。

3.1.2   前景检测

背景初始化过程完成后即可在第二帧开始前景检测的任务,其分割过程:判断以 $i(x,y)$ 为中心、R 为半径的球体 $S_R(i(x,y))$ 与样本集 $M(x,y)$ 在欧式颜色空间中的交集个数#是否达到阈值$\#_{min}$。其中

$$\# = \{S_R(i(x,y)) \bigcap \{i_1,i_2,\cdots,i_N\}\} \tag{3-2}$$

检测过程示意图如图 3-1 所示。

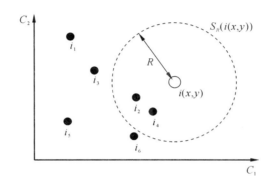

图 3-1   ViBe 算法前景检测过程示意图

由图 3-1 可知,当被包含在球体 $S_R(i(x,y))$ 内的样本个数达到阈值时,表明该像素点与样本集相似度较高,因此被分类为背景。

3.1.3   背景模型更新

前景分割完成后即可对背景模型进行更新。目前主要有两种更新策略:保守更新策略和盲目更新策略。保守更新策略是仅在该像素点被分类为背景的情况下,才对该点的样本集进行更新。盲目更新策略则是无论该点是否被分类为背景,都将该样本值加入背景模型中。ViBe 算法采取了保守更新策略,确保了前景目标与背景模型差异的最大化,然而一旦出现像素点被误判为前景的情况,则由于该点对应的样本集不再更新,极易出现持续“鬼影”问题。为了解决这个问题,ViBe 算法提出了三种新的更新策略:

（1）无记忆更新策略。与一般检测算法不同的是,ViBe 算法没有采用常规的“先进先出”更新原则（即新像素值直接取代样本集中最早的像素值）,而是采用“随机”更新,即新像素值随机取代样本集中的某个像素值。

（2）时间采样更新策略。像素点被分类为背景后并不一定对该样本集进行更

新,其更新概率为 $1/T$,T 为时间采样因子。这种更新策略延长了样本值的生命周期,对背景中的周期性或伪周期性运动(如树叶摇曳和水面波动)有较好的适应性。

（3）空间邻域更新策略。某一像素点对应样本集更新后,该点随机选择一个邻域点,以该像素点对邻域点的样本集进行更新。这种更新策略能够有效抑制保守更新策略导致的死锁现象,提高了背景像素点的空间一致性,有利于背景信息的空间传播,使得模型更适应光照和背景物体的改变。

从 ViBe 算法的背景模型初始化与更新的过程可以看出,ViBe 算法充分利用像素点在空间的一致性即空间分布的相关性,采用随机选择机制和邻域传播机制进行更新处理。该算法具有如下特点:

（1）首帧建模。ViBe 算法采取样本一致性的思想进行背景建模,在初始帧中为每个像素点在邻域范围内随机采集一定数量的样本值就能完成背景模型的建立,在第一帧中即可完成,而不需要长时期的背景模型训练过程。这种建模方法的优点在于计算量小、速度快,并且样本不易受噪声的干扰,如果遇到背景突变的情况,只需放弃当前模型,重新选取新的一帧建模即可。这种方法尤其适用于对实时性要求极高的手持照相机录像。

（2）算法思想简单,检测速度快。实验表明,每一个像素点只需随机选取 20 个样本值建立背景模型,就能达到较好的检测效果,占用内存资源少。ViBe 算法背景模型的匹配度判定只与半径阈值和匹配数量有关,一旦匹配样本的个数达到最低阈值就可以停止计算,判定待分类点为背景像素点,运算效率高,可以实现算法快速性的要求。

（3）随机更新机制。在背景建模中对样本进行替换更新并不是对存留最久的样本点进行直接淘汰,而是采用等概率随机进行替换。背景模型中的某一个样本 s,基于更新的随机性,在时刻 t 未被替换的概率为 $(N-1)/N$;从时刻 t 至 $t+\mathrm{d}t$,该样本点仍存在的概率为:$P(t,t+\mathrm{d}t)=\mathrm{e}^{-\ln[N/(N-1)]\mathrm{d}t}$。由表达式可知,模型样本的生存期服从指数衰减,至此某些背景信息存在长久保存的可能性。算法采用邻域传播随机性的方式,既保持了算法的空间一致性,又使模型中的样本点包含邻域中某些状态,这样就可以有效模拟背景中树叶等扰动的小空间变化的多模态背景状态,体现出良好的鲁棒性。同时,首帧建模方法存在一个严重的缺陷,就是容易引入"鬼影"区域。一旦运动目标出现在第一帧,就会造成前景目标区域背景模型的错误。为了抑制"鬼影"区域的干扰,ViBe 算法在模型更新的过程中采取了空间邻域策略：当某个点被分类为背景时，它不仅更新自己的模型样本，同时有 $1/T$ 的概率更新邻域的模型样本。这种更新方法有利于背景模型的扩散，"鬼影"区域周围的像素值利用空间邻域更新机制进入"鬼影"的背景模型，成为新的样本，当样本个数达到最小匹配数时，"鬼影"消失。

　　图 3-2 所示为 ViBe 算法的检测流程图，ViBe 算法中有四个影响模型准确性的关键参数：球体半径 R、最小匹配数 $\#_{min}$、样本个数 N 以及时间采样因子 T。在这四个关键参数中，可以将样本个数 N 与最小匹配数 $\#_{min}$ 设置为固定比例，样本个数越多，最小匹配数也越大。但在实际应用中往往需要更多的样本个数进行背景建模。球体半径 R 越大，模型对动态背景干扰的抵抗力越强，但同时模型的准确度也会降低。最小匹配数 $\#_{min}$ 越大，意味着像素点被分类为背景的要求越严格，对模型的准确度要求也越高，但同时也增加了计算量。而更大的样本所建立的背景模型在增强了模型对动态背景的鲁棒性的同时，不仅增加了用于存储样本的内存需求，也增加了误检的概率。

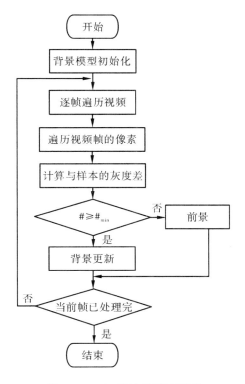

图 3-2　ViBe 算法检测流程图

3.1.4　实验参数调整

综上所述,ViBe 算法在运动目标检测方面有其独特的优越性,但是 ViBe 算法对不同的运动目标的检测效果存在差异,在检测过程中易出现漏检的情况。针对内河航运,研究目标为内河运动船舶,内河航运环境下运动船舶的运动速度较慢,因而针对适应内河环境下的运动船舶目标检测对 ViBe 算法中的参数进行适应性调整,调整的参数如表 3-1 所示。

表 3-1　参数值调整对照表

ViBe 算法	样品个数 N	球体半径 R	最小阈值 $\#_{min}$
原始算法	20	20	2
调整后	20	15	8

3.2　SuBSENSE 算法

ViBe 算法需要根据不同的应用场景通过人工来调整实验参数,为弥补传统算法的这种缺陷,St-Charles 等人于 2014 年提出自平衡敏感分割(Self-Balanced Sensitivity Segmentation,SuBSENSE)[2] 算法,加入参数自适应反馈机制,使算法能自动适应不同的场景,而无须人工设置参数。同时,该算法加入了纹理特征,能够有效处理场景中的阴影问题和隐藏前景问题,是一种像素级的运动目标检测算法,在实现过程中能够将整个模型分为几个模块处理,易于开发,在 CDW-2014 数据集[3] 中的 11 类视频的检测结果中,综合排名均十分靠前,超过了其中的 32 种算法。

SuBSENSE算法的基本思想是:(1)在视频初始帧中,利用随机采样原理,在固定窗口内提取像素的颜色特征和纹理特征建立背景模型;(2)对于当前帧,判断像素特征值与背景样本的特征值是否匹配,完成像素分类;(3)利用邻域随机传播机制更新背景样本;(4)利用像素特征值和背景样本的特征值的最小平均距离和闪烁像素检测器,自动调整最小距离阈值与时间采样因子;(5)对检测结果进行后处理,得到最终前景结果。其算法原理框图如图 3-3 所示。

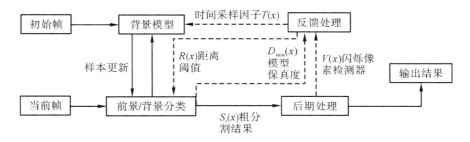

图 3-3　SuBSENSE 算法原理框图

3.2.1　局部二值相似模式

纹理特征是图像中蕴含的重要信息之一,广泛应用于图像检索与图像分割。早在 1994 年,Ojala 等人首先提出使用局部二值模式(Local Binary Pattern,LBP)[4] 描述图像的局部纹理特征。后来,相关研究学者对其进行改进,使其具有灰度不变性和旋转不变形等特点。原始思想是:在 3×3 的窗口内,以中心像素为参照,将相邻的 8 个像素与它相比较,如果邻域像素值大于或等于中心像素值,则该邻域像素值设置为 1;否则设置为 0。从而得到一串二进制序列,按照顺时针顺序排列该二进制序列,并为每一位分配相应的权值 $2^p(p=0,1,\cdots,7)$,将该二进制序列转化为 $0 \sim 255$ 的整数,即为中心像素(x_c,y_c)对应的 LBP 特征值,如式(3-3)所示:

$$
\left.
\begin{aligned}
LBP_R(x_c,y_c) &= \sum_{p=0}^{8} d(i_p - i_c) \times 2^p \\
d(x) &= \begin{cases} 1,x \geqslant 0 \\ 0,x < 0 \end{cases}
\end{aligned}
\right\}
\tag{3-3}
$$

式(3-3)中, i_c 是图像块 R 中心像素(x_c,y_c)的像素值, $i_p(p=0,1,\cdots,7)$ 是图像块 R 中心像素(x_c,y_c)的 P 邻域中第 p 个像素的像素值。图 3-4 是 LBP 特征示例。

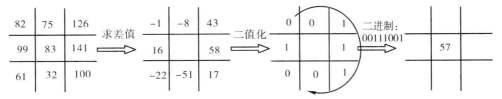

图 3-4　LBP 特征示例

相较于颜色特征,纹理特征不是只考虑一个像素点,而是考虑包围多个像素点的图像块,具有显著的优越性。奥卢大学的 Marko 教授团队于 2006 年发表的一篇论文中,正式将 LBP 纹理特征用于运动目标检测[5]。算法中利用直方图交集比较两个直方图的相似程度,进而对像素点进行分类,计算负荷较大。有人提出不将二进制序列转化为整数,不统计包含多个图像块的区域的纹理特征直方图,直接使用二进制序列背景建模,计算当前像素与背景模型中相应像素的二进制序列的汉明距离。这种方法极大地减少了原算法的计算量,提高了计算效率,但是也存在以下两个问题:一是在 LBP 纹理特征提取过程中,直接比较中心像素与邻域像素的亮度大小,得到的二进制序列易受到噪声的干扰。区域的纹理特征直方图中统计数据较大,受到噪声的影响较小;而直接比较两个二进制序列的汉明距离时,受到噪声的影响较大。如图 3-5 所示,黑体数字表示像素被噪声污染后的实际值以及 LBP 纹理特征提取的二进制序列,尽管像素值的改变很小,但是二进制序列的汉明距离发生了变化,此时易产生误检。二是亮度统一变化的区域,其汉明距离未变,但是实际颜色特征发生了很大的变化,此时相应像素被检测为前景,易产生漏检。如图 3-6 所示,亮度一致的区域中,背景模型的二进制序列为00000000,当前帧中相应像素点的二进制序列未变,两者的汉明距离为0,而实际上该点的亮度与背景相差较大。

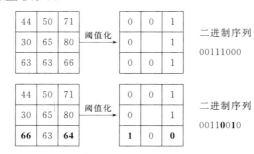

图 3-5　噪声干扰下 LBP 特征提取

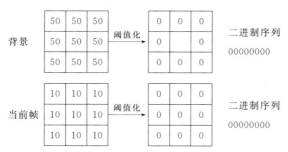

图 3-6　亮度一致区域 LBP 特征提取

　　针对以上缺陷,Alexandre 等人提出局部二值相似(Local Binary Similar Pattern,LBSP)纹理特征提取方法。其思想是:在 $n \times n$ 大小的图像块 R 中,比较中心像素与邻域像素的相似度:

$$\left.\begin{array}{l} LBSP_R(x_c, y_c) = \sum_{p=0}^{P-1} d(i_p - i_c) 2^p \\[2mm] d(x) = \begin{cases} 1, |x| \leqslant T_d \\ 0, |x| > T_d \end{cases} \end{array}\right\} \tag{3-4}$$

　　其中,T_d 是相似度阈值。可看出 LBSP 纹理特征提取有以下特点:(1)不直接比较中心像素与邻域像素的像素值大小,而是用绝对值比较两者的相似度;(2)选择中心像素时,不仅可以选择与邻域像素在同一区域的中心像素 —— 帧内区域,而且可以选择不同图像中相应区域的中心像素 —— 帧间区域。

　　图 3-7 展示了四组不同的二进制序列提取方式的结果。B 表示背景图像的某区域,中心像素为 B_c,邻域像素为 B_p;NF 表示新图像对应的区域,中心像素和邻域像素分别为 NF_c、NF_p,5 为相似度阈值。前两列采用严格的相似度($<$、$>$、$\leqslant$、$\geqslant$),后两列采用相对的相似度。图 3-7(a)、图 3-7(c) 列在同一帧中提取二进制序列,而图 3-7(b)、图 3-7(d) 列在不同帧中提取二进制序列。

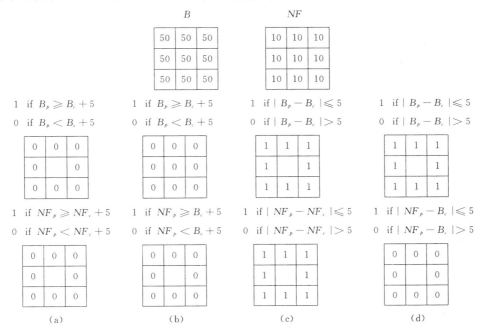

图 3-7　四组不同的二进制序列提取方式结果对比

可以看出,与 LBP(Local Binary Pattern) 特征相比,LBSP 主要有以下优点:

（1）每次比较只需要进行和 LBP 特征相同数量的加减运算，计算复杂度相同。
（2）采用相对的相似度比较方式，能够区分亮度统一变化的区域，如图 3-7(b) 所示，采用 LBP 特征，背景模型和当前帧相应像素点的二进制序列都为 00000000，它们的汉明距离为 0，像素会被分类为背景，但是它们的实际颜色特征发生了很大变化，应被检测为前景，此时易产生漏检。而如图 3-7(d) 所示，采用 LBSP 特征，它们的二进制序列分别为 11111111、00000000，汉明距离为 8，能够被正确检测。（3）选择中心像素时，不仅可以选择与邻域像素在同一区域的中心像素 —— 帧内区域，而且可以选择不同图像中相应区域的中心像素 —— 帧间区域。

前面所述的 LBSP 特征提取使用固定相似度阈值，当相似度阈值设置较小而中心像素值较大或相似度阈值设置较大而中心像素值较小时，可能感应不到邻域像素的变化，因此相似度阈值应随中心像素的变化而变化，可进一步设置为与中心像素值 i_c 相关的相似度比例阈值 $T_d = T_r \cdot i_c$：

$$
\left.
\begin{aligned}
LBSP_R(x_c, y_c) &= \sum_{p=0}^{P-1} d(i_p - i_c) 2^p \\
d(x) &= \begin{cases} 1, |x| \leqslant T_r \cdot i_c \\ 0, |x| > T_r \cdot i_c \end{cases}
\end{aligned}
\right\}
\tag{3-5}
$$

一般取 $T_r \approx 0.3$，可根据实际场景进行设置，T_r 值越低，则 LBSP 对纹理变化越敏感。

如图 3-8 所示，改进后的 LBSP 特征提取方式采用 5×5 的窗口大小，且邻域像素只使用窗口中所有像素的一部分子集，和 LBP 相比，能够覆盖更多的像素，而且不需要插值运算。在图 3-8(a) 中左图是背景图像，提取的帧内 LBSP 二进制序列为 1101111110111110，作为纹理特征背景样本；在图 3-8(b) 中左图为新图像，相应区域若以图 3-8(a) 中的黑体标明的像素为中心像素，提取的帧间 LBSP 二进制序列为 1101101110111110，与纹理特征背景样本 16 位二进制码中有 15 位相匹配，则该像素被判断为背景；在图 3-8(c) 中左图为新图像，相应区域若以图 3-8(a) 中的方框标明的像素为中心像素，提取的帧间 LBSP 二进制序列为 0100001101111001，与纹理特征背景样本 16 位二进制码中有 7 位相匹配，则该像素被判断为前景。可以看出，改进后的 LBSP 特征提取方式对光照变化和阴影具有更好的鲁棒性。这是因为阴影是一种颜色从亮到暗的转变过程，i_c 较大，则相似性比例阈值 T_d 也较大，像素点被判断为背景的可能性越大；而在从暗到亮的转变过程，这种情况很少是阴影，更多的可能是绝对变化，此时 i_c 较小，则相似性比例阈值 T_d 也较小，能减小像素点被判断为背景的可能性。

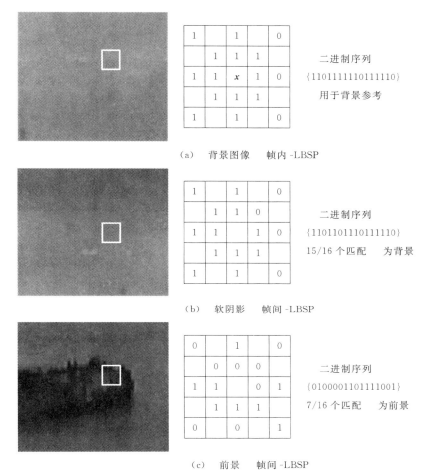

图 3-8　LBSP 特征的简单描述与比较过程

3.2.2　背景建模

与区域级或目标级的背景建模相比,ViBe 等像素级的背景建模其区域之间的关联较小,可将图像分割成几个区域以实现相对低负荷的开发、快速的并行计算。因此,SuBSENSE 采用 ViBe 等像素级背景建模的思想:为每个像素建立一个样本集。为增强空间一致性,SuBSENSE 在建立背景模型时不仅使用 RGB 颜色特征,而且使用时空域的 LBSP 特征。其中 RGB 颜色特征为 8 位,改进的 LBSP 特征为 16 位。当目标纹理与背景不同时,LBSP 特征使隐藏前景的检测率得到提升。当区域的颜色在一段时间内变化相同时,RGB 颜色特征能够忽略这种光照变化。而且,颜色特征和 LBSP 特征具有较低的计算成本,有足够的辨识力,不需要依赖于区域直方图,能直接用于像素级的背景建模。

SuBSENSE 在建立背景模型时,基于空间一致性思想,即假设邻域像素具有相似的分布,利用视频首帧,从像素(x,y)的对应邻域像素集合中随机选取 N 个像素的特征值——RGB颜色特征和LBSP特征,作为该像素的初始背景样本集:

$$B(x,y) = \{B_1, B_2, \cdots, B_N\} \tag{3-6}$$

3.2.3　像素分类与背景更新

为了能正确地检测出运动目标,SuBSENSE 算法在利用 RGB 颜色特征和 LBSP 纹理特征在邻域内随机采样建立背景模型后,需要执行像素分类以及背景更新过程。由于 LBSP 纹理特征是一串二进制序列,对其进行聚类或样本平均没有意义,因此不适合采用聚类或样本平均的方法。而基于样本一致性的方法,比较像素特征值与背景样本的距离,其移植性较强,适用于 LBSP 特征,能够有效地检测细微的局部变化,而对复杂场景中不相干的运动保持足够的鲁棒性。SuBSENSE 算法采用 ViBe 算法的思想:判断当前帧像素特征值与该像素的样本特征值是否匹配,从而完成像素分类过程。

设 t 时刻的图像 $I_t(x,y)$,将像素(x,y)的特征值与该像素的背景样本进行匹配,如果匹配成功,则该像素应归类为背景;否则应为前景。其匹配过程如下:

$$S_t(x,y) = \begin{cases} 1, & \#\{dist(I_t(x,y), B_n(x,y)) < R(x,y), \forall n\} < \#_{\min} \\ 0, & \text{otherwise} \end{cases}$$
$$\tag{3-7}$$

其中,S_t 是像素分类结果;$dist(I_t(x,y), B_n(x,y))$ 是当前帧 $I_t(x,y)$ 中像素(x, y)的特征值与该像素的背景样本的距离;$R(x,y)$ 是最大距离阈值;$\#_{\min}$ 是匹配阈值。$R(x,y)$ 值越小,意味着像素的特征值与背景样本的距离应该越小,该像素才能被正确地归类为背景,对背景样本的准确度提出了更高的要求。较大的 $R(x,y)$ 值对不相干的变化有足够的鲁棒性,但很难检测出与背景样本相似的前景像素。

由于构建的背景模型结合了颜色特征和 LBSP 特征,因此在检测过程中需要进行两次匹配过程。首先将像素(x,y)的颜色特征值与该像素的背景样本的颜色特征值进行匹配,式(3-7)转化为:

$$S_t(x,y) = \begin{cases} 1, & \#\{L_1 dist(I_t^{\text{RGB}}(x,y), B_n^{\text{RGB}}(x,y)) < R^{\text{RGB}}(x,y), \forall n\} < \#_{\min} \\ 0, & \text{otherwise} \end{cases}$$
$$\tag{3-8}$$

如果匹配,再将像素(x,y)的 LBSP 特征值与该像素的背景样本的 LBSP 特征值进行匹配,式(3-7)转化为:

$$S_t(x,y) = \begin{cases} 1, & \#\{Hamdist(I_t^{\mathrm{LBSP}}(x,y), B_n^{\mathrm{LBSP}}(x,y)) < R^{\mathrm{LBSP}}(x,y), \forall n\} < \#_{\min} \\ 0, & \text{otherwise} \end{cases}$$

$$(3-9)$$

如果颜色特征与 LBSP 特征都匹配,则将该像素分类为背景。

ViBe 算法中,从像素的 3×3 邻域随机选择 20 个样本建立背景模型,当前帧像素的颜色特征至少与样本集中的 2 个匹配时才被分类为背景。大量实验证明:匹配阈值 $\#_{\min} = 2$ 时是最优的,能够平衡噪声干扰与计算复杂度。而 SuBSENSE 算法中由于 LBSP 特征在 5×5 的窗口中提取的 16 位二进制序列,与颜色特征共同构成更大的特征量,则需要的样本数量更大。样本数量 N 用于平衡分类准确度与算法的敏感度,当 N 较小时,算法的敏感度更高,但分类准确度更差;当 N 较大时,与之相反。样本数量 N 依赖于实际场景的复杂度,增加 N 并不直接影响静态区域像素分类的平均时间,因为 $\#_{\min}$ 通常能够结束匹配过程。而在动态区域匹配过程不稳定时,或当有前景像素时,像素分类的平均时间增长。

像素分类过程完成后,SuBSENSE 算法利用类似于 ViBe 算法的保守的随机更新策略更新背景模型:首先,每次当像素被分类为背景后,以 $\dfrac{1}{T(x,y)}$ 的概率从该像素的背景样本中随机挑选一个样本代替该像素的特征值,这里的 $T(x,y)$ 为时间采样因子。然后从被选中的样本的邻域内随机选择一个像素,其特征值被当前像素的特征值取代。时间采样因子 $T(x,y)$ 决定了背景模型的更新速度:$T(x,y)$ 越小,背景更新的概率越大,背景更新的速度越快;否则相反。背景更新时随机选择样本而不是基于上次更新的样本,能够确保长期和短期存在的背景样本一致并保存在背景模型中。只有当像素点被分类为背景时,新样本才能进入背景模型,能够防止前景像素很快地被吸收。理论上,保守的背景更新方法意味着一些前景像素永远不会被合并到背景模型中。实际上,一些噪声和隐藏的前景会逐渐腐蚀前景像素,意味着所有的前景像素最终将被归类为背景。空间扩散机制意味着与背景同质的区域将很快地被吸收。换句话说,由于目标从当前像素移除,导致被错误地归类为背景的区域——"鬼影"可以被很快地消除,因为"鬼影"区域和背景的某些部分有许多相似性。

3.2.4　参数自适应反馈机制

SuBSENSE算法在像素分类与背景更新过程中,最大距离阈值 $R(x,y)$ 和时间采样因子 $T(x,y)$ 是两个最重要的参数。本质上,它们决定了模型的准确度、对局部变化的敏感度以及前景像素融入背景模型的速率。在 ViBe 算法中,这两个参数由经验确定,并且在整个检测过程中保持不变。这种方法有较大的缺陷,即参数的全局策略意味着视频中所有的像素都呈现相同的行为。实际上,这种假设并不成立,因为被观察的场景中背景区域同时呈现不同的行为,且随着时间而变化。即使在视频中可以使用固定参数,并达到很好的效果,但是在具体的场景中要获得最优的参数需要大量的时间、对模型和数据集的熟练掌握能力。因此,SuBSENSE 算法根据视频特点和参数的变化情况,自适应调整参数。

理想条件下,为提高模型的鲁棒性和敏感度,在动态背景区域应增加 $R(x,y)$ 以减少误检,并降低 $T(x,y)$ 以加快适应环境的变化;而在前景目标运动缓慢的区域则应增加 $T(x,y)$,以防止前景像素破坏背景模型的准确性,同时降低 $R(x,y)$ 以提升对隐藏前景的敏感度。因此,为了能恰当地调整这些参数,首先需要确定像素 (x,y) 所在区域的特点。

背景复杂度通过比较当前帧像素灰度值 $I_k(x,y)$ 与背景模型的样本的差异来进行计算。计算像素灰度值 $I_k(x,y)$ 与背景模型的样本 $B(x,y)$ 之间最小距离的移动平均值 $D_{\min}(x,y)$,作为背景复杂度的衡量标准,计算公式为:

$$D_{\min(k)}(x,y) = D_{\min(k-1)}(x,y) \cdot (1-\alpha) + d_k(x,y) \cdot \alpha \qquad (3\text{-}10)$$

其中,α 是学习率;$d_k(x,y)$ 是背景模型 $B(x,y)$ 中所有样本和当前帧像素灰度值 $I_k(x,y)$ 的最小归一化颜色 -LBSP 距离。$d_k(x,y)$ 越大,说明像素特征值与背景模型样本的差异越大,表明该像素点所在的区域越复杂。$D_{\min}(x,y)$ 的值在 $0 \sim 1$ 之间,完全静态的背景区域 $D_{\min}(x,y) \approx 0$,背景模型难以适应的动态背景区域 $D_{\min}(x,y) \approx 1$。同样,前景目标所在区域也有较高的 $D_{\min}(x,y)$ 值,当前景目标在一个地方停留很长时间时,$D_{\min}(x,y)$ 将会增大,易与动态背景区域混淆,那么就不能使用 $D_{\min}(x,y)$ 来控制 $R(x,y)$ 和 $T(x,y)$。

为区分动态背景区域与前景目标区域,SuBSENSE 算法设计了闪烁像素检测器。闪烁像素是指在前景与背景之间频繁转换的像素,动态背景区域中通常存在间歇性运动的噪声(闪烁像素),如摇摆的树枝、水波纹等。定义闪烁像素检测器 $V(x,y)$,将当前帧的检测结果 S_k 与前一帧的检测结果 S_{k-1} 进行"异或"操作,得到当前帧所有闪烁像素的二值图，标记为 X_k。最后，使用下列公式更新 $V(x,y)$：

$$V(x,y) = \begin{cases} V(x,y) + V_{incr}, & X_k(x,y) = 1 \\ V(x,y) - V_{decr}, & X_k(x,y) = 0 \end{cases} \tag{3-11}$$

其中，V_{incr} 和 V_{decr} 分别为 1 和 0.1，$V(x,y) \geqslant 0$。式（3-11）表明几乎没有噪声的区域 $V(x,y) \approx 0$；而像素在背景与前景之间来回转换的区域，$V(x,y)$ 值则显著增加。利用闪烁像素检测器可以有效地突出图像中的动态背景区域。直接使用"异或"操作检测闪烁像素，容易将运动目标的边界也当作闪烁像素，这时可通过忽略 S_k 处理后的图像 S_k^1 与 S_k^1 膨胀后的图像 S_k^2 的交叉区域来解决。

定义了 $D_{min}(x,y)$ 和 $V(x,y)$ 后，SuBSENSE 算法就可以引进动态控制器使模型中的主要参数 $R(x,y)$ 和 $T(x,y)$ 自适应。首先，最小距离阈值在每一帧中的递归调整公式如下：

$$R(x,y) = \begin{cases} R(x,y) + V(x,y), R(x,y) < [1 + D_{min}(x,y) \cdot 2]^2 \\ R(x,y) - \dfrac{1}{V(x,y)}, R(x,y) \geqslant [1 + D_{min}(x,y) \cdot 2]^2 \end{cases} \tag{3-12}$$

其中，$R(x,y)$ 是一个连续的变量，它的值始终大于或等于 1。选择 $R(x,y)$ 与 $D_{min}(x,y)$ 之间的指数关系，而不是线性关系，是因为它有助于检测静态区域的敏感像素，实现 $D_{min}(x,y)$ 的快速缩放。闪烁像素检测器 $V(x,y)$ 能够使 $R(x,y)$ 在动态区域（尤其是间歇性的动态背景区域）快速地增加，在 $D_{min}(x,y)$ 降到很小的值时趋于稳定，在 $D_{min}(x,y) \approx 1$ 时保持一个很小的值。$R(x,y)$ 只是抽象的最小距离阈值，颜色特征和 LBSP 特征的最小距离阈值分别为：

$$R^{RGB}(x,y) = R(x,y) \cdot R_{RGB}^0 \tag{3-13}$$

$$R^{LBSP}(x,y) = 2^{R(x,y)} + R_{LBSP}^0 \tag{3-14}$$

其中，$R_{RGB}^0 = 30$ 和 $R_{LBSP}^0 = 3$ 分别是颜色特征和 LBSP 特征的最小距离阈值。R_{LBSP}^0 未采用线性关系，是因为 LBSP 特征值为二进制序列，计算 LBSP 特征距离的函数为汉明距离。

时间采样因子在每一帧中的递归调整公式为：

$$T(x,y) = \begin{cases} T(x,y) + \dfrac{1}{V(x,y) \cdot D_{min}(x,y)}, S_k(x,y) = 1 \\ T(x,y) - \dfrac{V(x,y)}{D_{min}(x,y)}, S_k(x,y) = 0 \end{cases} \tag{3-15}$$

其中,$T(x,y)$ 通常设置在 $2 \sim 256$ 范围内,$D_{\min}(x,y)$ 和 $V(x,y)$ 同时决定 $T(x,y)$ 变化的步长。式(3-15)表明,在静态区域,此时 $D_{\min}(x,y) \approx V(x,y) \approx 0$,当像素被分类为前景,时间采样因子会迅速增加,背景更新率会减小,能够适当延长背景模型中样本的生存周期,使得慢速运动的目标不被吸收。在动态背景区域,$T(x,y)$ 的变化较平缓,能够不断适应新像素特征值。

3.3　　基于 SuBSENSE 的内河运动船舶检测结果与分析

为了验证多特征融合算法与使用单一特征的算法用于像素分类的效果差别,本章通过实验将 SuBSENSE 算法与相关算法进行了比较。参与比较的算法包括基于颜色特征的 ViBe 算法和基于纹理的 LBSP 背景建模算法。同时,为了验证 SuBSENSE 算法中所提出的参数自适应反馈机制的效果,还会将使用反馈处理与没有使用反馈处理的实验结果进行对比。

图 3-9 所示为各检测算法用于内河环境中快艇检测的结果。视频背景为波浪起伏的河面,基于 LBSP 纹理特征建立的背景建模对于大面积的显著波纹干扰表现得较差,检测结果中含有大量的噪声点,而没有反馈的 SuBSENSE 算法的空洞严重。因此,从整体看来,采用反馈处理的 SuBSENSE 算法是四种检测结果中表现最好的,主要体现在三个方面:(1)相比单纯采用纹理特征的检测算法,其动态背景区域没有大面积的显著噪声点;(2)相比单纯采用颜色特征的检测算法,在运动目标与背景颜色接近的情况下,能够保持较高的敏感度,检测到的前景更为完整;(3)相比没有采用反馈处理的检测结果,其对环境的动态性适应能力更强。

除了直观上的视觉效果比较,本次实验还将对四种算法的检测结果进行定量分析。如表 3-2 所示,结合了颜色特征和纹理特征的有反馈 SuBSENSE 算法,同时具备了两组特征的检测优势。尽管不是在召回率 Re、准确率 Pr 等每个度量项上都取得最好的排名,但是与最优结果相差不大,并且在综合评价指标 FM 上结果较好,表明该算法的综合检测性能良好。

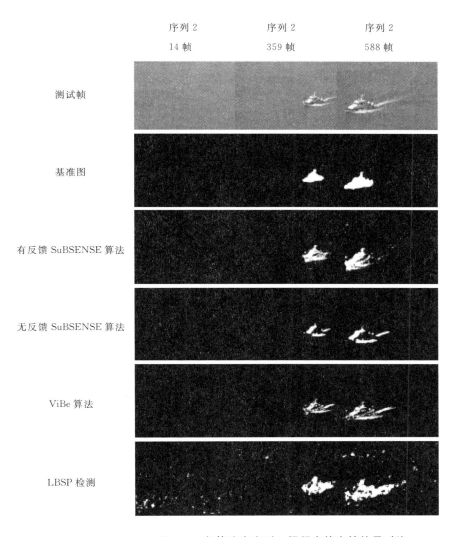

图 3-9　各算法在序列 2 视频中的定性结果对比

表 3-2　各算法在序列 2 视频中的定量结果对比

指标	有反馈 SuBSENSE 算法	无反馈 SuBSENSE 算法	ViBe 算法	LBSP 检测
Re	0.7679	0.4229	0.5316	0.7871
Pr	0.5064	0.5325	0.4901	0.3260
FM	0.6103	0.4714	0.5100	0.4611

3.4　SuBSENSE 算法优化

3.4.1　后处理优化

SuBSENSE 在对像素进行分类后,采用 9×9 滑动窗口对检测结果进行中值滤波。此方法简单易实现、效率高,能够有效去除闪烁像素噪声。在检测闪烁像素时,进行了一系列膨胀与腐蚀操作。但当船舶从图像边缘进入时,由于目标太小,容易被当作噪声滤除,可采用连通域处理的方式来处理:第一步,检测目标区域的大小,如果目标区域的面积小于 20 个像素,那么可认为它是噪声,对其进行滤除;第二步,检测目标区域空洞的大小,如果空洞面积小于 20,对其进行填充,将目标补充完整。不管边缘的像素块的大小是多少,均不进行处理。

3.4.2　时间优化

由第 3.2 节可知,自平衡敏感分割 SuBSENSE 的检测过程中,图像中每个像素不仅包括随机采样的背景模型,而且包括最小距离阈值 $R(x,y)$ 和时间采样因子 $T(x,y)$、像素特征值与背景模型的样本之间最小值距离的移动平均值 $D_{\min}(x,y)$、闪烁像素检测器 $v(x,y)$,还有 LBSP 特征值的计算等,使得算法的复杂度较高、效率较低、实时性较弱。

由于自平衡敏感分割是像素级的运动目标检测算法,每个像素、每个区域的关联度较小,可将图像划分为几个区域同时处理,即将整个模型划分为几个模块同时运行,实现程序的并行计算。

在 Inter(R) Xeon(R) CPU E5-2670 v2 Windows 8 64 位的 PC 上,采用多核多线程的优化技术,对整个模型进行加速,以提高运动船舶检测的速率。如图 3-10 所示,将整幅图像分为多个区域,每个区域分配一个线程,在线程中处理相应区域的像素分类过程、参数更新过程,这些线程同时运行,从而实现了整个模型的并行运行,从而达到加速的目的。表 3-3 列出了不同线程个数对算法运行速度的影响,可以看出,随着线程个数的增加,算法运行速度加快。

图 3-10   线程分区示意图

表 3-3   不同线程个数对算法运行速度的影响

线程个数	1	2	3	4	5	6
算法运行时间（s/帧）	0.067	0.043	0.030	0.017	0.015	0.012

3.5   优化后的 SuBSENSE 算法实验分析

3.5.1   定性分析

为验证该方法在内河航运上的应用效果，将优化后的 SuBSENSE 算法与优化前的 SuBSENSE 算法进行对比分析。

图 3-11 所示展示了优化后的 SuBSENSE 算法与优化前的 SuBSENSE 算法在三类视频上的定性比较结果。第一行图像是测试帧，第二行图像是基准图，第三行往下依次是优化前的 SuBSENSE 算法、优化后的 SuBSENSE 算法。优化前的 SuBSENSE 算法在序列 1 中完全检测不出运动船舶，在序列 2 中有很明显的漏检，在序列 3 中只检测出一条船；而优化后的 SuBSENSE 算法有很大的提升，优化后的 SuBSENSE 算法针对优化前的算法关于小船的漏检问题有很大的改善。

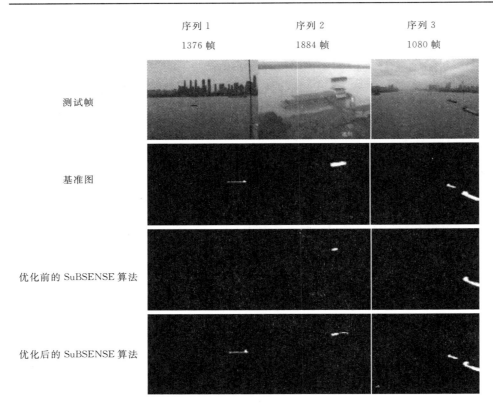

图 3-11 优化后的 SuBSENSE 算法与优化前 SuBSENSE 算法在三类视频中的定性对比

3.5.2 定量分析

表 3-4 给出了优化后的 SuBSENSE 算法与优化前的 SuBSENSE 算法在三类图像序列检测结果中的定量评价。可以看出,与优化前的 SuBSENSE 算法相比,优化后的 SuBSENSE 算法在小船、慢船、多船序列的召回率 Re、准确率 Pr,以及 FM 值都有一定的提高。

表 3-4 优化后的 SuBSENSE 算法与优化前 SuBSENSE 算法在三类视频中的定量比较

算法	评价指标								
	小船			慢船			多船		
	Re	Pr	FM	Re	Pr	FM	Re	Pr	FM
优化前的 SuBSENSE 算法	0.2420	0.4426	0.2491	0.2643	0.7574	0.3206	0.4503	0.7697	0.4946
优化后的 SuBSENSE 算法	0.8804	0.6529	0.7431	0.6578	0.6924	0.6414	0.9438	0.5661	0.7023

参 考 文 献

[1] BARNICH O, VAN D M. ViBe: A universal background subtraction algorithm for video sequences [J]. IEEE Transactions on Image Processing, 2011, 20(6):1709-1724.

[2] ST-CHARLES P L, BILODEAU G A, BERGEVIN R. SuBSENSE: a universal change detection method with local adaptive sensitivity [J]. IEEE Transactions on Image Processing, 2014, 24(1):359-373.

[3] WANG Y, JODOIN P M, Porikli F, et al. CDnet 2014: An expanded change detection benchmark dataset [J]. Computer Vision and Pattern Recognition Workshops, 2014: 393-400.

[4] OJALA T, PIETIKAINEN M, HARWOOD D. Performance evaluation of texture measures with classification based on Kullback discrimination of distributions [C]// Iapr International Conference on Pattern Recognition, 1994, 1:582-585.

[5] SCHMID C. Description of Interest Regions with Center-Symmetric Local Binary Patterns [C]// Indian Conference on Computer Vision. Springer-Verlag, 2006.

第 4 章　　基于动态组稀疏的检测算法

内河航运场景的一个显著特点是运动船舶和背景的颜色对比度低,尤其是在有雾的天气环境下。传统的运动目标检测算法主要通过像素点的颜色特征来实现对运动目标的检测,使得其在该场景中表现不佳。SuBSENSE 算法中,加入了像素点的 LBSP 纹理特征,降低了算法对颜色的敏感度,使其在低清晰度场景中的表现有所提高,但仍难以满足实际要求。

近年来,压缩感知理论被成功地应用于计算机视觉领域的人脸识别、图像去噪等技术中。用稀疏的方式来表示图像,能够更加稳健地处理图像的噪声和冗余误差。采用压缩感知理论对目标或图像信息进行压缩,可以实现特征有效压缩并且不丢失图像的主要信息等。在运动目标检测领域,背景差分图像在图像空间域内可以被稀疏地表示,因此压缩感知理论可以用于直接重构前景图像。本章利用前景图像的动态组稀疏特性,提出了一种多分辨率下增强的自适应动态组稀疏算法。利用压缩感知理论直接重构出前景和背景图像,不需要预先对背景进行建模,降低了算法对运动目标颜色特征的依赖,提高了低清晰度条件下运动目标的检测能力。

4.1　压缩感知原理

在传统的香农采样定理中,为了不失真地恢复模拟信号,采样频率不能低于模拟信号频谱中最高频率的 2 倍。这带来了两个弊端:一是随着信息需求量的飞速增长,信号带宽也必须急速增加,对信号的处理能力以及硬件设备的要求也越来越高,给海量数据处理带来了困难;二是实际应用中人们常采用各种压缩、编码方式,抛弃非重要数据,以较少的比特数表示信号来降低存储、处理和传输的负担,这种高速采样再压缩编码的过程浪费了大量的采样资源。

随着信号采样理论研究的不断发展,经稀疏重构和新兴采样定理研究发现,当测量数据相对较少时,利用稀疏重构的方式可重构出原始数据。Candes 等人在核磁共振成像研究中发现,通过少量测量数据,在重构过程中引入稀疏性约束,就可以近似高精度地重构出原始数据。2006 年,Candes 和 Donoho 等人正式提出压缩感知理论(Compressive Sensing,CS)[1-2]。压缩感知理论即直接感知压缩后的信号,并指出在信号具有稀疏性的前提下可以在远小于奈奎斯特采样频率的情况下恢复。

根据 CS 理论,一个稀疏信号 $x \in R^n$ 可以由下式重建,有:

$$y = \Phi x \qquad (4-1)$$

其中,$y \in R^m$ 为测量向量;$\Phi \in R^{m \times n}$ 是观测矩阵,且 $m << n$。CS 理论的优势在于:当信号 x 是 k 稀疏时(即向量 x 中只有 k 个非零参数),x 只需 $m = o(k\lg(n/k))$ 次测量就能被重建。也就是说,通过线性变换,使用 $k << n$ 个非零参数就能很好地近似表示信号 x,因此,能大大降低数据采集的花销。实际上,CS 理论的实质就是将信号采集端的压力转移到信号解析端。

CS 理论主要涉及三个方面的内容:信号稀疏表示、非相关测量和信号重建。下面将分别阐述。

4.1.1　信号稀疏表示

在式(4-1)中,当矩阵 Φ 满秩时,方程没有唯一解。但是当 x 为 k 稀疏时,方程有希望获得唯一解。Candes 和 Tao 证明,当矩阵 Φ 满足有限等距准则(Restricted Isometry Property,RIP)条件[3] 时,由式(4-1)可以获得 k 稀疏 x 的唯一解。

在实际应用中,原始信号 x 自身往往并不稀疏,但在经过某种稀疏变换后满足稀疏条件。符合这种特性的信号称为可压缩信号。理论上,对于任何信号,都存在某种稀疏变换,使信号在该变换域中具有稀疏性,即任何信号都是可压缩信号。因此,在应用 CS 理论时,第一步就是要对未知信号 x 进行稀疏化。

对于 N 维信号 $x \in R^n$,如果 x 在某个正交基上稀疏,即

$$x = \Psi \alpha \qquad (4-2)$$

其中,$\Psi \in R^{n \times n}$ 为稀疏基,$\alpha \in R^n$。信号 x 和 α 可以看作是同一信号在不同域中的表示:x 是信号在时域的表示,α 是信号在基 Ψ 下的表示。若信号 α 中只有 k 个非零元素,且 $k << n$,则信号 x 为 k 的稀疏信号。通常情况下,即使 α 中零元素很少,但非零元素是由少数的大数值系数和多数小数值系数组成时,信号 x 仍可以由这些少数的大数值系数很好地表示。

4.1.2　非相关测量

第4.1.1节中指出,当观测矩阵 Φ 满足 RIP 条件时,式(4-1)可以获得 k 稀疏

x 的唯一解。RIP 定义为：对于任意的稀疏信号 x，$1 << k << m$，假设存在等距常量 δ_k，使式（4-3）成立，则称矩阵 $\boldsymbol{\Phi}$ 满足 K 阶 RIP 条件，有：

$$(1 - \delta_k) \parallel x \parallel_2 \leqslant \parallel \boldsymbol{\Phi}_T x \parallel \leqslant (1 + \delta_k) \parallel x \parallel_2 \qquad (4\text{-}3)$$

其中，$0 < \delta_k < 1$，$\mid T \mid \leqslant k$。$\boldsymbol{\Phi}_T$ 为 $\boldsymbol{\Phi}$ 中的 T 列。RIP 条件描述的是矩阵 $\boldsymbol{\Phi}$ 的 k 列向量相互正交的程度。当 $\delta_k = 0$ 时，$\boldsymbol{\Phi}$ 的任意 k 列向量都正交；当 $\delta_k = 1$ 时，$\boldsymbol{\Phi}$ 的任意 k 列向量均不正交。

RIP 理论特性很完美，但很难直接应用。2007 年，Baraniuk 提出了 RIP 的等价条件，即观测矩阵 $\boldsymbol{\Phi}$ 和稀疏矩阵 $\boldsymbol{\Psi}$ 不相关[4]。考虑一个极端的情况，如果 $\boldsymbol{\Phi}$ 为 $\boldsymbol{\Psi}^{\mathrm{T}}$ 的前 M 行，则有：

$$y = \boldsymbol{\Phi} x = \boldsymbol{\Phi}\boldsymbol{\Psi}\boldsymbol{\alpha} = (\boldsymbol{I}_{M \times M} \quad \boldsymbol{0}_{(N-M) \times N})\boldsymbol{\alpha} \qquad (4\text{-}4)$$

对 $\boldsymbol{\alpha}$ 求解，有：

$$\boldsymbol{\alpha} = \begin{bmatrix} \boldsymbol{I}_{M \times M} \\ \boldsymbol{0}_{(N-M) \times N} \end{bmatrix} y = \begin{bmatrix} y \\ \boldsymbol{0}_{(N-M) \times N} \end{bmatrix} \qquad (4\text{-}5)$$

亦即，稀疏向量 $\boldsymbol{\alpha}$ 的前 M 个分量被强制认为重要。而事实上，向量 $\boldsymbol{\alpha}$ 重要的 K_1 个分量的位置事先并不知道，且随着信号的不同而不同。因此，选择 $\boldsymbol{\Phi}$ 与 $\boldsymbol{\Psi}^{\mathrm{T}}$ 不相关，即 $\boldsymbol{\Phi}$ 与 $\boldsymbol{\Psi}$ 不相关。

基于此，不同的观测矩阵相继被提出来，根据矩阵元素的取值可分为随机观测矩阵和确定性观测矩阵两类。常用的随机观测矩阵有一致球矩阵[5]、高斯随机矩阵、伯努利观测矩阵以及局部傅里叶矩阵[6] 等。随机观测矩阵容易满足 RIP 条件，在较少的测量次数下能精确地重建出稀疏信号。但其需要大量的存储空间，计算复杂度高，且硬件实现困难。确定性观测矩阵包括托普利兹矩阵（Toeplitz）[7,8]、多项式确定性观测矩阵[9]、分块多项式确定性矩阵[10] 等。确定性观测矩阵对硬件的要求低、计算量小，但需要较多的测量次数以实现对信号的精确重建。

4.1.3 重建算法

重建算法是 CS 理论的核心部分，其目的是通过观测矩阵以及观测的数据实现对原始信号高精度的重建。如图 4-1 所示，先求解以下欠定方程：

$$y = A\boldsymbol{\alpha} \qquad (4\text{-}6)$$

其中，系数矩阵 $A = \boldsymbol{\Phi}\boldsymbol{\Psi}$。

得到稀疏系数 $\boldsymbol{\alpha}$ 后，通过求解式（4-2）就能恢复原始信号 x。

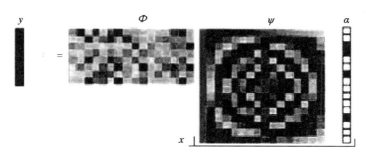

图 4-1 重建算法示意图

在式(4-6)中,向量 $\boldsymbol{\alpha}$ 为 k 稀疏,若 $\boldsymbol{A}$ 中任意 $2k$ 列不相关,则根据式(4-6)可知,稀疏信号 $\boldsymbol{\alpha}$ 可以被唯一重建。实际上,如果存在两个 k 稀疏的解 $\boldsymbol{\alpha}_1$ 和 $\boldsymbol{\alpha}_2$ 满足式(4-6),则有 $\boldsymbol{A}\boldsymbol{\alpha}_1 = \boldsymbol{A}\boldsymbol{\alpha}_2$,即 $\boldsymbol{A}(\boldsymbol{\alpha}_1 - \boldsymbol{\alpha}_2) = 0$。由于 $(\boldsymbol{\alpha}_1 - \boldsymbol{\alpha}_2)$ 是 $2k$ 稀疏,使得矩阵 $\boldsymbol{A}$ 中有 $2k$ 列线性相关,这与条件"$\boldsymbol{A}$ 中任意 $2k$ 列不相关"矛盾,命题得证。这也是要求 $\boldsymbol{\Phi}$ 与 $\boldsymbol{\Psi}$ 不相关的一个解释。

上述论证提供了一个求解稀疏信号 $\boldsymbol{\alpha}$ 的思路:在满足式(4-6)的条件下,求 $\boldsymbol{\alpha}$ 的最稀疏解,即

$$\left.\begin{array}{l} \min \| \boldsymbol{\alpha} \|_0 \\ \text{s. t. } \boldsymbol{y} = \boldsymbol{A}\boldsymbol{\alpha} \end{array}\right\} \tag{4-7}$$

其中,$\| \boldsymbol{\alpha} \|_0$ 为 $\boldsymbol{\alpha}$ 的 L_0 范数,表示稀疏变量 $\boldsymbol{\alpha}$ 中非零元素的个数。式(4-7)的求解是一个 NP-Hard 问题。首先确定 $\boldsymbol{\alpha}$ 中非零元素位置,然后取 $\boldsymbol{A}$ 中相应位置的列与之相乘,即 $\boldsymbol{A}_L\boldsymbol{\alpha}_L = \boldsymbol{y}$,判断其是否有解。需要判断的组合有 C_n^k 种。

L_0 范数求解十分困难,但是当信号 $\boldsymbol{\alpha}$ 足够稀疏,即式(4-3)中的 $\delta_k < 0.307$ 时[11],可以将式(4-7)中的 L_0 范数求解问题转化为下式的 L_1 范数求解问题,利用简单的线性规划求解稀疏信号 $\boldsymbol{\alpha}$,目标函数如下:

$$\left.\begin{array}{l} \min \| \boldsymbol{\alpha} \|_1 \\ \text{s. t. } \boldsymbol{y} = \boldsymbol{A}\boldsymbol{\alpha} \end{array}\right\} \tag{4-8}$$

L_1 范数求解算法也称为凸优化算法,其解具有唯一性和稳定性。常用的凸优化算法有基追踪算法(Basic Pursuit,BP)[12]、内点算法、梯度追踪算法(Gradient Projection for Sparse Reconstruction,GPSR)[13] 和迭代阈值算法[14]。凸优化算法需要的观测次数少,但其计算复杂度高。

另一类高效的重建算法是贪婪算法,此类算法的思想是将观测信号 $\boldsymbol{y}$ 看成是矩阵 $\boldsymbol{A}$ 中的各列向量的线性组合,并将原始信号 $\boldsymbol{x}$ 看作该线性表示的系数,通

过对支撑集的迭代更新逐渐地逼近原始信号,实现对 x 的稀疏重建。与凸优化算法相比,匹配追踪算法重建速度更快,且算法结构简单,但需要更多的测量次数。典型的贪婪算法包括匹配追踪算法(Matching Pursuit,MP)[15]、正交匹配追踪算法(Orthogonal Matching Pursuit,OMP)[7] 以及正则化正交匹配追踪算法(Regularized Orthogonal Matching Pursuit,ROMP)[16] 等。

为了兼顾凸优化算法和贪婪算法的优点,子空间追踪算法(Subspace Pursuit,SP)[17] 和压缩采样匹配算法(Compressive Sampling Matching Pursuit,CoSaMP)[18] 相继被提出来。其中,SP算法兼顾了有效性和复杂度,CoSaMP算法则理论性强,且在采样过程中对噪声具有鲁棒性。

4.2　动态组稀疏算法

定义:($G_{k,q}$ 稀疏数据)若数据 $x \in R^n$ 可以在某个变换域下由 $k(k << n)$ 个非零系数近似表示,且这 k 个非零系数聚集成 $q \in \{1, \cdots, k\}$ 组,则称 x 为动态组稀疏数据 $G_{k,q}$[19]。

根据上述定义,对于 $G_{k,q}$ 稀疏数据 x,只要求解其 k 个非零系数呈组聚集的趋势而无需任何关于各组尺寸和位置的先验知识。图4-2显示了一个监控视频中实际的 $G_{k,q}$ 稀疏数据。从图4-2(b)和图4-2(c)中可以发现,在前景图像中的非零系数呈分块聚集而不呈简单的随机分布。

(a)原始视频帧　　　　　　　　(b)基准图　　　　　　　　(c)前景图像

图 4-2　动态组稀疏数据

根据 CS 理论,稀疏信号 x 的重建过程为:

$$\left. \begin{array}{l} x = \arg\min \| x \|_0 \\ s.t. \| y - \Phi x \|_2^2 < \varepsilon \end{array} \right\} \quad (4\text{-}9)$$

其中,y 为观测值;Φ 为观测矩阵。k 稀疏的信号 x 的子空间支撑集 Ω_k 有 C_n^k 种可能,不考虑信号动态组稀疏性的情况下,为得到最优解,仍然需要穷举所有子空间,使得式(4-9)的求解是一个 NP-hard 选择的问题。在前面对重建算法的研究中,SP 和 CoSaMP 算法兼顾凸优化算法和贪婪算法的优势,提高了信号重建的效率和准确率,但仍然存在一定的复杂性。

实际上,若 x 为 $G_{k,q}$ 稀疏数据,其支撑集 Ω_k 间将存在某种关联,而不再是从 n 维空间中随机组合。基于此,Huang 等人提出了动态组稀疏(Dynamic Group Sparsity,DGS)重建算法对式(4-9)进行求解[19]。

DGS 算法在每一次迭代时包含五个主要的步骤:(1)裁剪近似残差;(2)合并支撑集;(3)通过最小二乘法求近似信号;(4)裁剪近似信号;(5)更新近似残差、近似信号和支撑集。DGS算法与 SP 和 CoSaMP 算法相似,不同之处在于对信号以及残差的裁剪。DGS 信号裁剪算法步骤如算法 4-1 所示。

算法 4-1　DGS 信号裁剪算法

1. 输入:$x \in \mathbf{R}^n$｛观测向量｝;k｛稀疏值｝;J_y｛进程数｝;J_b｛稀疏组尺寸｝;$N_x \in \mathbf{R}^{n \times \tau}$｛$x$ 的邻域值｝;$w \in \mathbf{R}^{n \times \tau}$｛邻域权重｝;$\tau$｛邻域个数｝

2. $J_x = J_y J_b$;$x \in \mathbf{R}^n \rightarrow x \in \mathbf{R}^{n/J_x \times J_x}$

3. $N_x \in \mathbf{R}^{n \times \tau} \rightarrow N_x \in \mathbf{R}^{n/J_x \times J_x \times \tau}$

4. for all $i = 1, \cdots, n/J_x$ do

$$z(i) = \sum_{j=1}^{J_x} x^2(i,j) + \sum_{j=1}^{J_x} \sum_{t=1}^{\tau} w^2(i,j) N_x^2(i,j,t)$$

end for

5. 选择 $z(i)$ 中最大的 k/J_x 值添加到子空间 $\mathbf{\Omega} \in \mathbf{R}^{n/J_x \times 1}$

6. for all $j = 1, \cdots, J_x$ do

for all $i = 1, \cdots, k/J_x$ do

$$\Gamma\left((j-1)\frac{k}{J_x} + i\right) = (j-1)\frac{k}{J_x} + \Omega(i)$$

end for

end for

7. 信号 $x \in \mathbf{R}^n$ 的支撑集 $\Gamma(x,k)$

类似于 SP 和 CoSaMP 算法,在得到信号的支撑集后,DGS 算法使用最小二乘法逐步逼近原始信号 X 和余量 r。过程为:

$$u = \{u_j \mid u_j = |[r, \varphi_j]|, j = 1, 2, \cdots, N\} \tag{4-10}$$

$$\hat{X} = \operatorname{argmin} \| Y - \mathbf{\Phi}_\wedge X \|_2 \tag{4-11}$$

$$r_{\text{new}} = Y - \mathbf{\Phi}_\wedge \hat{X} \tag{4-12}$$

其中，u 为相关系数；Y 为观测值；$\boldsymbol{\Phi}_\wedge$ 为观测矩阵。

在 DGS 重构算法中，加入了数据动态组稀疏的先验知识，大大减少了稀疏信号 x 重建时所需的迭代次数，提高了重建效率。

4.3 基于 DGS 的运动目标检测算法

基于 DGS 重构算法，提出了适合内河航运的多分辨率下增强的自适应动态组稀疏（Multi-resolution Enhanced Adaptive Dynamic Group Sparsity，MEADGS）算法。算法框架如图 4-3 所示。由图 4-3 可见，算法主要由"低分辨率下的目标区域定位"和"高分辨率下的运动目标检测"两个部分组成。两个部分的核心都是本书作者提出的增强的自适应动态组稀疏（Enhanced Adaptive Dynamic Group Sparsity，EAdaDGS）算法，直接从视频帧中重构出背景图像和前景图像，并根据内河船舶运动特征，对背景字典更新机制进行重新设计，实现背景字典的实时更新。以下对 MEADGS 算法进行详细阐述。

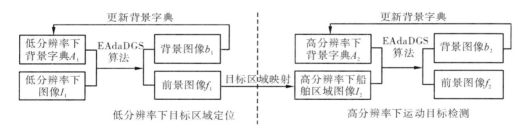

图 4-3 MEADGS 算法框架

4.3.1 EAdaDGS 重构算法

设视频序列包含视频帧 $[I_1, \cdots, I_n] \in \boldsymbol{R}^m$，其中 n 为视频帧数，m 为每帧图像所含像素个数。假设算法检测到第 t 帧，令 $D = [I_{t-\tau}, \cdots, I_t] \in \boldsymbol{R}^{m \times \tau}$，背景和前景图像分别用 b 和 f 表示。根据稀疏表示恒常性假设（Sparse Representation Constancy Assumption，SRCA）[20]，当前背景帧可以由尽可能少的先前帧线性表示，即：

$$b = Dx \tag{4-13}$$

其中，$x \in \boldsymbol{R}^\tau$ 为一个 k_x 稀疏的向量，且 $k_x << \tau$。令 $A = [D, E] \in \boldsymbol{R}^{m \times (\tau+m)}$，$E \in \boldsymbol{R}^{m \times m}$ 为单位矩阵，则有：

$$I_{t+1} = Dx + f = [D, E] \begin{bmatrix} x \\ f \end{bmatrix} = Az \tag{4-14}$$

其中，$z = \begin{bmatrix} x \\ f \end{bmatrix}$ 为 $k_f + k_x$ 的动态组稀疏数据。根据 CS 理论，式（4-14）可以转化为如下目标函数求解：

$$\left. \begin{aligned} (x_0, f_0) &= \arg\min \parallel z \parallel_0 \\ \parallel I_{t+1} &- Az \parallel^2 < \varepsilon \end{aligned} \right\} \tag{4-15}$$

式（4-15）可通过 DGS 重构算法求解。在系数 z 中，f_0 对应具有动态组稀疏性质前景图像，x_0 对应背景字典 D 中相关原子的权重。得到背景的稀疏表示 x 后，可根据式（4-13）重构出背景图像 b。

在使用 DGS 重构算法时，需要预先确定 z 的稀疏值 $k_f + k_x$。Huang 等人提出了自适应稀疏的 AdaDGS 重构算法[19]。设 $k_z = k_f + k_x$，$k_z \in [k_{\min}, k_{\max}]$，且 k_z 的步长为 Δk。整个算法包含两层迭代，外层循环用于设定当前 z 的稀疏值，有：

$$k_{\text{curr}} = k_{\text{last}} + \Delta k \tag{4-16}$$

其中，k_{last} 为上一次迭代时 z 的稀疏值，Δk 为 k_z 的步长。内层循环则是根据 k_{curr} 利用 DGS 重构算法计算稀疏信号 z_{curr} 以及残差 r_{curr}。当满足以下终止条件时：

$$\mid r_{\text{curr}} - r_{\text{last}} \mid < \varepsilon \cdot r_{\text{curr}} \tag{4-17}$$

则退出外层循环，此时 $k_z = k_{\text{curr}}$，且 $z = z_{\text{curr}}$。

在 AdaDGS 算法中，需要重复地运行 DGS 重构算法直至 k_z 最优，计算量巨大。实验结果表明，在检测像素为 320×240 的图像时，其需要约 2s 的处理时间，无法满足实时性的要求。本书针对 AdaDGS 存在的问题，提出了 EAdaDGS 重构算法来提高算法的速度。

设当前帧图像 I_t 对应的前景和背景分别为 f_t 和 b_t，则有：

$$I_t - b_{t-1} = f_t + e \tag{4-18}$$

其中 e 为噪声。考虑到 $I_t = b_t + f_t$，有：

$$e = b_t - b_{t-1} \tag{4-19}$$

一般而言，背景图像对光照、水波纹、相机参数等因素敏感，其像素值为高斯分布在某一个值附近波动，即噪声 e 符合高斯分布。设

$$f_e = f_t + e \tag{4-20}$$

则在 f_e 中，与噪声 e 相比，前景 f_t 中的像素个数仅占一小部分，且其值明显不同。因此，前景图像估计 f'_t 的像素可由下式获得，即

$$| f_t'(i,j) - \mu_{f_e} | > \beta \cdot \delta_{f_e} \qquad (4\text{-}21)$$

其中,μ_{f_e} 和 δ_{f_e} 分别为 f_e 的均值和方差,并且 $\beta \in [2,3]$。

　　由于 e 符合高斯分布的假设并不一定成立,获得的 f_t' 不能直接作为最终的前景图像,但是可用于获取前景图像的稀疏值。实际上,当稀疏值 k_f 略大于其真实值时,仍能高质量地重构出前景图像 f_t。因为在重构的前景图像中,噪声区域的像素值较小,在对前景图像二值化的过程中可以被滤除。因此,可以设置 $\beta = 2$。稀疏度 k_f 即为 f_t' 中非零系数的个数。设

$$k_x = \alpha \tau \qquad (4\text{-}22)$$

其中,$\alpha \in [0.05, 0.1]$ 以保证 x 的稀疏性。算法 4-2 为 EAdaDGS 重构算法的具体步骤。

算法 4-2　　EAdaDGS 重构算法

---

1. 输入:$D \in R^{m \times \tau}$｛观测矩阵｝;$I_t \in R^m$｛观测向量｝

2. 将观测矩阵 D 的最后一列赋值到上一帧背景图像 b_{t-1}

3. $f_e = I_t - b_{t-1}$

4. 获取 f_e 的均值 μ_{f_e} 和方差 δ_{f_e}

5. 根据公式 $| f_t'(i,j) - \mu_{f_e} | > \beta \cdot \delta_{f_e}$ 获取当前帧的前景估计 f_t'

6. k_f 为 f_t' 中非零系数的个数,且 $k_x = \alpha \tau$

7. 根据 k_f 和 k_x,应用 DGS 重构算法重构前景图像 f_t 以及背景稀疏系数 x

8. $b_t = Dx$

9. 输出:b_t, f_t

4.3.2　背景字典更新机制

　　在对背景字典进行更新时,有两种常用的更新机制。一种是基于 SRCA 假设,使用图像帧 I_t 来更新背景字典 D,保证算法对环境变化的适应能力。但由于 I_t 中含有运动目标,通过式(4-13)将运动目标信息引入到背景 b_t 中,降低算法对运动目标的检测能力。在这种方式下,低速的运动船舶将难以被检测。另一种方式是基于相邻背景间的相似性,使用背景图像 b_t 来更新背景字典 D,增强算法对运动目标的检测能力。然而,由于 b_t 只是初始图像帧的线性组合,而没有新的数据加入,使得算法对环境变化的适应能力差。综合这两种更新机制的特点,本书提出了一种新的背景字典更新机制:仍旧使用背景图像 b_t 更新 D,但是 b_t 不再直接由重构信号 x 获得。

　　在本书中,将当前背景图像 b_t 分为两部分。其中一部分由重建信号获得,另

一部分则来自于前景差分。具体如式(4-23)所示,即

$$b_t(i,j) = \begin{cases} D_{Roi}x & (i,j) \in Roi \\ I_t(i,j) - f_t(i,j) & (i,j) \notin Roi \end{cases} \quad (4\text{-}23)$$

其中,Roi 为运动船舶区域,并且 D_{Roi} 为区域 Roi 中的背景字典。如此,在保证背景图像对环境变化适应能力的同时,也防止了运动船舶信息的引入。

为了进一步提高算法对慢速船舶的检测能力,本书同时采用关键帧的思路对背景字典 D 进行更新。只有当前帧为关键帧时才更新 D,以平衡背景图像对环境的适应性和对运动目标的识别度。关键帧 k 的取值取决于图像坐标中船舶目标的速度 v_c,且随 v_c 的减小而增加,有:

$$k = \frac{c}{v_c} \quad (4\text{-}24)$$

其中 c 为常数,且 v_c 的值可由前景图像获得。首先,给 k 设置一个初始值;然后,获取每一帧图像中的每一只船的目标位置;最后,通过对相邻帧中船舶目标的位置进行差分获取 v_c 的值。设某一运动船舶在前景图像 f_t 和 f_{t-t_0} 中的坐标位置分别为(i_1,j_1) 和(i_2,j_2),则该船舶在 t 时刻的速度 $v_{c,t}$:

$$v_{c,t} = \frac{\sqrt{(i_2-i_1)^2 + (j_2-j_1)^2}}{t_0} \quad (4\text{-}25)$$

若前景图像 f_t 中存在多个船舶目标,则 k 的值可由慢速船舶的速度确定。

4.3.3　多分辨率检测

在前景重建过程中,视频帧 $I \in \mathbf{R}^m$,其中 $m = N_1 \times N_2$。随着图像尺寸的增加,I 的维数将与尺寸的平方成比例增加,使得重建过程耗费大量的时间。而实际上,在内河 CCTV 监控视频中,运动船舶仅出现在前景图像的小面积区域。亦即,只需要在一个小面积区域内检测船舶目标,而不必在整个前景图像中进行检测。基于此,本文提出用多分辨率处理来检测运动船舶。运动船舶在低分辨率下被定位,并且在高分辨率下特定的区域被精确检测。

针对平稳背景下单运动船舶的情况,首先应用 EAdaDGS 算法检测低分辨率图像下的运动船舶,获得低分辨率下的前景图像 f_1 以及船舶区域 Roi_1;然后将 Roi_1 映射到高分辨率图像中,获取高分辨率图像中的船舶区域 Roi_2;接下来 Roi_2 被进一步扩展为 Roi_2',以满足重建时的稀疏条件;最后再一次应用 EAdaDGS 算法从高分辨率图像的 Roi_2' 区域中检测出前景图像 f_2。多分辨率检测的过程如图 4-4 所示。

针对多船舶或背景变化剧烈的情况,上述处理过程的结果并不理想。在这种情况下,高分辨率图像区域 Roi_2' 的面积将会急剧增加,甚至与整幅图像的面积相等,使得多分辨率处理失去提高算法速度的优势。因此,对上述多分辨率处理

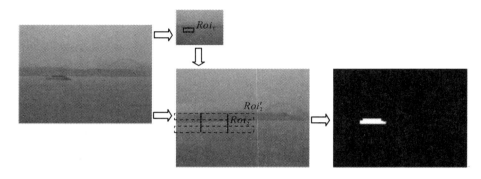

图 4-4　多分辨率检测过程

进行了改进。具体而言，在获得低分辨率下的前景图像 f_1 后，首先对 f_1 进行膨胀运算得到 $f_{1,dilate}$，以连接船舶目标区域中的断点；然后对 $f_{1,dilate}$ 进行连通区域分析，获取每个连通区域的面积，并根据特定的阈值对每个连通区域进行筛选以获得各个运动船舶区域 Roi_{i1}，$i=1,2,\cdots,n$。接下来将低分辨率下不同的运动船舶区域 Roi_{i1} 映射到高分辨率图像中，获得对应的船舶区域 Roi_{i2} 和 $Roi_{i2}{}'$。再次利用 EAdaDGS 算法依次对各个区域 $Roi_{i2}{}'$ 进行检测，即可获得各个船舶目标的精确形状和位置。为了避免相邻目标间的相互影响，本算法只保留 Roi_{i2} 区域内的结果作为每个运动船舶最终的检测结果。算法 4-3 为 MEADGS 检测算法的具体步骤。

算法 4-3　MEADGS 检测算法

1. 输入：$D_1 \in R^{m1 \times \tau}${低分辨率下的观测矩阵}；$D_2 \in R^{m2 \times \tau}${高分辨率下的观测矩阵}；$I_1 \in R^{m1}${低分辨率下的观测信号}；$I_2 \in R^{m2}${高分辨率下的观测信号}；$[th_{\min}, th_{\max}]${目标面积范围}

　　低分辨率下的粗检测

2. $[x_1, f_1] = \mathrm{EAdaDGS}(D_1, I_1)$

3. 对 f_1 进行膨胀处理并分析连通区域，获取每个连通区域的面积 S_i

4. 通过限制条件 $th_{\min} < S_i < th_{\max}$ 获取船舶区域 Roi_{i1}

5. $b_1 = I_1 - f_1$，$b_1(Roi_{i1}) = A_1(Roi_{i1}) \cdot x_1$

6. 若当前帧为关键帧，使用 b_1 更新 D_1，高分辨率下的精检测

7. 获取 Roi_{i1} 在高分辨率下的映射区域 Roi_{i2} 以及稀疏区域 $Roi_{i2}{}'$

8. 目标个数 $n = \mathrm{card}\{Roi_{i1}\}$

9. $f_2{}' = f_2 = 0$，$b_2 = b_2{}' = I_2 - f_2$

10. for all $i = 1, \cdots, n$ do

　　$[x_{i2}, f_{i2}] = \mathrm{EAdaDGS}(A_2(Roi_{i2}{}'), I_2(Roi_{i2}{}'))$

　　$f_2{}'(Roi_{i2}{}') = f_{i2}(Roi_{i2}{}')$，$f_2(Roi_{i2}) = f_2{}'(Roi_{i2})$

　　$b_2{}'(Roi_{i2}{}') = A_2(Roi_{i2}{}') \cdot x_{i2}$，$b_2(Roi_{i2}) = b_2{}'(Roi_{i2})$

　　end for

11. 若当前帧为关键帧，使用 b_2 更新 D_2

12. 输出：f_2

4.4   实验结果分析

4.4.1   有效性分析

为测试本章提出的 MEADGS 方法的有效性,实验选取了 6 个具有代表性的内河视频进行测试,并与 AdaDGS 算法进行比较。实验结果如图 4-5 所示,分别为视频序列的第 400、300、400、500、700 和 1400 帧。

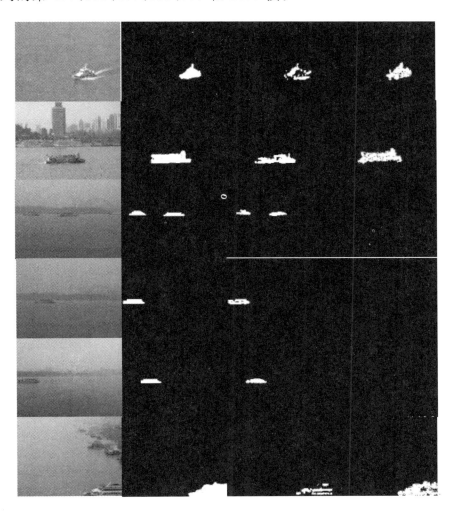

（a）原始视频帧   （b）基准图   （c）MEADGS算法   （d）AdaDGS算法

图 4-5   内河船舶检测结果定性对比

实验结果显示,在检测视频序列 1、序列 2 和序列 6 时,AdaDGS 算法能获得比 MEADGS 算法更完整的前景图像,但是当检测视频序列 3、序列 4 和序列 5 时,AdaDGS 算法丢失了运动目标,而 MEADGS 算法却依然表现良好。在视频序列 3、序列 4 和序列 5 中,前景图像和背景图像的颜色相近、对比度差,使得前景像素点极易被误识别为背景,增加了船舶检测的难度。本章提出的 MEADGS 算法在 AdaDGS 算法的基础上,一方面对背景更新策略进行了修改,增强了算法对背景的适应能力;另一方面采用多分辨率检测策略,提高了算法对噪声的滤除能力,使得算法在前景和背景图像对比度差的情况下仍能获取很好的表现。

表 4-1 给出了 MEADGS 算法和 AdaDGS 算法对上述 6 个序列检测结果的定量评价。采用 FM 作为评价指标,由表 4-1 可以发现,与 AdaDGS 算法相比,MEADGS 算法的平均 FM 值高出 27%,且在检测视频序列 3、序列 4 和序列 5 时,MEADGS 算法的 FM 值远高于 AdaDGS 算法,与图 4-5 的结果相符。表 4-1 的数据进一步验证了本章提出的 MEADGS 算法对低清晰度场景下内河船舶优越的检测能力。

表 4-1　内河船舶检测的 FM 值

视频	1	2	3	4	5	6	平均
MEADGS 算法	0.504	0.771	0.772	0.800	0.846	0.526	0.703
AdaDGS 算法	0.669	0.784	0.003	0.411	0.012	0.720	0.433

4.4.2　实时性分析

本章算法实时性分析的硬件运行环境为主频为 2.5GHz 的 Intel Xeon E5 CPU 处理器,并使用 MATLAB 2014b 编译工具。处理后的视频帧保存在外部硬盘中。表 4-2 显示了不同算法在处理 6 个视频时平均每帧所需的时间。表 4-2 的结果表明,MEADGS 算法处理每帧所需的时间为 0.05s,远低于 AdaDGS 算法,能够满足实时性要求。

表 4-2　各算法处理每帧的平均时间

算法	MEADGS	AdaDGS
时间(s)	0.05	2.30

参 考 文 献

[1] DONOHO D L. Compressed sensing [J]. Information Theory IEEE Transactions on, 2006,52(4):1289-1306.

[2] CANDES E J, ROMBERG J, TAO T. Robust uncertainty principles: exact signal reconstruction from highly incomplete frequency information [M]. IEEE Press,2004, 52(2):489-509.

[3] CANDES E J, TAO T. Near-optimal signal recovery from random projections: Universal encoding strategies? [J]. Information Theory IEEE Transactions on,2006, 52(12):5406-5425.

[4] BARANIUK R G. Compressive sensing [lecture notes] [J]. IEEE Signal Processing Magazine,2007,24(4):118-121.

[5] DONOHO D L . For most large underdetermined systems of linear equations the minimal l1-norm solution is also the sparsest solution[J]. Communications on Pure and Applied Mathematics,2006,59(7):797-829.

[6] GILBERT A C,GUHA S,INDYK P,et al. Near-optimal sparse fourier representations via sampling[C]//ACM Symposium on Theory of Computing. ACAM,2002:152-161.

[7] TROPP J A,GILBERT A C. Signal recovery from random measurements via orthogonal matching pursuit [J]. IEEE Transactions on Information Theory,2008,53(12):4654-4666.

[8] YIN W. Practical compressive sensing with Toeplitz and circulant matrices [J]. Proceedings of SPIE-The International Society for Optical Engineering,2010,7744.

[9] DEVORE R A. Deterministic constructions of compressed sensing matrices [J]. Journal of Complexity,2007,23(4-6):918-925.

[10] LI X,ZHAO R,HU S. Blocked polynomial deterministic matrix for compressed sensing[C]//International Conference on Wireless Communications Networking and Mobile Computing. IEEE,2010:1-4.

[11] CAI T T,WANG L,Xu G. New bounds for restricted isometry constants [J]. Information Theory IEEE Transactions on,2009,56(9):4388-4394.

[12] CHEN S S,DONOHO D L,Saunders M A. Atomic decomposition by basis pursuit [J]. Siam Review,2001,43(1):33-61.

[13] FIGUEIREDO M A T,NOWAK R D,WRIGHT S J. Gradient projection for sparse

reconstruction:application to compressed sensing and other inverse problems [J]. Selected Topics in Signal Processing IEEE Journal,2008,1(4):586-597.

[14] DAUBECHIES I,DEFRISE M,DE M C. An iterative thresholding algorithm for linear inverse problems with a sparsity constraint [J]. Communications on Pure & Applied Mathematics,2004,57(11):1413-1457.

[15] MALLAT S G,ZHANG Z. Matching pursuits with time-frequency dictionaries [J]. IEEE Transactions on Signal Processing,1993,41(12):3397-3415.

[16] NEEDELL D,VERSHYNIN R. Signal recovery from incomplete and inaccurate measurements via regularized orthogonal matching pursuit [J]. IEEE Journal of Selected Topics in Signal Processing,2007,4(2):310-316.

[17] DAI W,MILENKOVIC O. Subspace pursuit for compressive sensing signal reconstruction [J]. Information Theory IEEE Transactions on,2009,55(5):2230-2249.

[18] NEEDELL D,TROPP J A. CoSa M P:iterative signal recovery from incomplete and inaccurate samples [J]. Applied & Computational Harmonic Analysis,2008,26(3): 301-321.

[19] HUANG J,HUANG X,METAXAS D. Learning with dynamic group sparsity[C]. IEEE International Conference on Computer Vision. IEEE,2009,30(2):64-71.

[20] HUANG J,HUANG X,METAXAS D. Simultaneous image transformation and sparse representation recovery [C]//IEEE Computer Society Conference on Computer Vision and Pattern Recognition. IEEE,2008:1-8.

第 5 章　融合稀疏表示和显著性检测的背景建模

内河航运中部分船舶运动速度很慢,在图像序列相邻几十帧中只表现为船艏和船舷的少数像素的改变,而船身中间的像素几乎相同。在背景更新过程中,船身中间的像素易被当作背景来处理,只能检测出船艏和船舷的目标,导致船身中间有很大的空洞,造成严重的漏检。而且当初始帧有船时,船身像素被当作背景样本,导致图像序列的测试帧中的前几十帧都难以检测到运动的船舶。因此,在图像序列的训练帧中选择合适的像素作为背景样本,建立正确的背景模型至关重要。

有噪图像由无噪图像和噪声组成,无噪图像在字典下是稀疏的,即图像稀疏地蕴含在少量的系数中,这些系数值常常比较大;而噪声在字典下是不稀疏的,系数很小。较大的系数在稀疏表示的步骤中通常被保留下来,而噪声对应的系数则被去除,因此稀疏表示可以有效恢复出无噪图像。在运动目标检测领域,视频可看作是由背景与被腐蚀的信号组成,其中被腐蚀的信号包括前景和可能存在的噪声。背景在字典下是稀疏的,因此可将背景提取任务视作基于稀疏表示的图像去噪问题。因此,本章研究基于稀疏表示进行背景建模,基于显著性来检测运动船舶。

5.1　基于稀疏表示的背景建模

一般来说,图像序列的第 t 帧图像 I_t 由背景模型 b_t、前景图像 f_t 和一些可能存在的噪声 e_t 组成:$I_t = b_t + f_t + e_t$。由于内河视频监控多为固定监视视角,其背景模型相对不变,可认为背景为常量,即 $b_t \approx b$。由稀疏表示原理可知,背景模型可由字典 $\boldsymbol{D}$ 的原子稀疏线性表示:$b = \boldsymbol{D}x$。可以看出,背景模型 b 有两个关键性因素:字典 $\boldsymbol{D}$ 和稀疏系数 x。

字典 $\boldsymbol{D}$ 可利用 K-SVD 算法[1] 求解满足误差 ε 的最小化问题得到,即

$$\min_{D,A} \parallel \boldsymbol{A} \parallel_0 \quad \text{s. t.} \quad \parallel \boldsymbol{Y} - \boldsymbol{DA} \parallel_2 < \varepsilon \tag{5-1}$$

从式(5-1)可知,在字典学习阶段,要得到字典 D,必须在内河视频中获取原始数据集 Y,才能保证得到的字典 D 适应于当前正在研究的内河视频。由于船舶的运动速度相对较慢,船体的颜色几乎相同,船身较长,图像某个像素的颜色值可能在连续几十帧甚至上百帧中保持不变,为避免从连续帧中选择原始数据集,减少前景像素的干扰,可采取随机采样的策略。首先从图像序列中随机选择 m 帧图像作为训练集,再从训练集的每帧图像中随机选择 n 个块,每个块为像素的 $q \times q$ 邻域,并将每个块展开成列向量,这样就可以组成原始数据集 $\boldsymbol{Y} \in \boldsymbol{R}^{M \times N}$,得到的字典 $\boldsymbol{D} \in \boldsymbol{R}^{M \times K}$,稀疏系数矩阵 $\boldsymbol{A} \in \boldsymbol{R}^{K \times N}$,其中 $M = q^2$,$N = m \cdot n$。

在稀疏系数矩阵中,共有 $N = m \cdot n$ 列,每一列为某个像素邻域的稀疏系数,将具有相同坐标索引的列向量归类,每个像素就得到一组相应的稀疏系数集 $\{x_i\}(i = 1, \cdots, l)$,其中每个像素的 l 不等。从字典原子来看,背景像素的稀疏系数相对不变。图像中的一个固定位置不可能一直为前景像素,稀疏系数集的平均值 $\bar{x}$ 也减小了前景像素对背景模型的影响。稀疏系数集的平均值 $\bar{x}$ 为:

$$\bar{x} = \frac{1}{l} \sum_{i=1}^{l} x_i \tag{5-2}$$

字典 $\boldsymbol{D}$ 和稀疏系数 $\bar{x}$ 相乘得到每个像素的邻域,背景模型中每个像素都与 p^2 个图像块有关,将它们平均后得到背景模型的估计值:

$$\tilde{b}(x, y) = \frac{1}{q^2} \sum_{i=1}^{q} \sum_{j=1}^{q} \boldsymbol{D}\bar{x}_{(i+x, j+y)} \tag{5-3}$$

由于原始数据集使用每个像素邻域作为列向量,得到的 $\boldsymbol{D}\bar{x}$ 呈现块特性,使用 q^2 个图像块的平均值作为背景模型的估计值可减小这种影响。

船舶检测阶段,视频中的每一帧图像 I_t 都能够由字典 $\boldsymbol{D}$ 重建 $\tilde{I}_t$,由当前帧的重建值 $\tilde{I}_t$ 和背景模型估计值 $\tilde{b}$ 进行差分,有:

$$E_{\text{rec}} = |\tilde{I}_t - \tilde{b}| \tag{5-4}$$

利用当前帧的重建值计算差分误差,而不是利用图像原始值。一方面重建值在动态背景(水波纹)区域更平滑,有利于消除动态背景的干扰;另一方面可以消除或减小噪声 e_t。如图 5-1 所示,从左到右依次是原始图像、背景图像、差分图像、OTSU 阈值化后的前景图像,图 5-1(a)中初始帧无他船,得到的背景图像很干净,差分图像中目标船舶十分明显;图 5-1(b)中初始帧有他船,背景图像中有其他运动船舶的运动痕迹,前景图像能粗略但完整地检测出目标船舶的位置和船身。因此,通过基于稀疏表示的背景差分法可以较好地检测出前景。只是图5-1(b) 中的差分图像中也显示出摇曳的树枝和其他船舶的运动痕迹,造成严重的噪声,本章提出:通过显著性检测来得到准确的前景图像,以消除这些噪声。

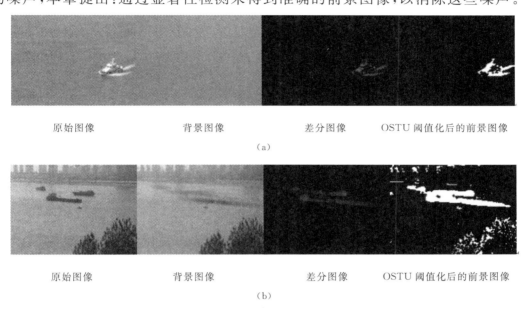

| 原始图像 | 背景图像 | 差分图像 | OSTU 阈值化后的前景图像 |

(a)

| 原始图像 | 背景图像 | 差分图像 | OSTU 阈值化后的前景图像 |

(b)

图 5-1　基于稀疏表示的背景差分结果

(a) 初始帧无他船;(b) 初始帧有他船

5.2　基于显著性检测的内河图像显著区域提取

文献[2]将显著性检测用于背景差分算法的后处理,直接对前景图像进行显著性检测,若像素的邻域中显著值较高的个数超过一定的阈值,则认为此邻域为前景区域。文献[3]利用了改进的混合高斯模型和 Itti 模型相融合的内河视频运动船舶检测方法。这两篇文献为本章的研究提供了思路,可利用显著性检测提取内河图像中的显著性区域。

5.2.1　显著性检测

显著性检测利用计算机模拟人类的视觉神经系统,使机器具有智能的理解、分析、识别能力,快速且准确地从复杂场景中获取感兴趣目标。进而可通过显著性区域优先分配图像理解与分析所需的计算资源,降低场景分析中问题的复杂性,极大地提高运算效率。

　　显著性检测被广泛应用于计算机视觉领域,需要人为指定感兴趣的目标作为先验知识进行分割。显著性检测直接提取出感兴趣区域,代替之前的人机交互,提高有监督的分割效率[4,5]。在内容感知的图像编辑方面[6-9],显著性检测首先确认图像中主要物体所在的区域,通过使感兴趣的目标保持不变形,而相关的周围环境成比例变化,实现内容感知的图像放缩。此外,显著性检测在目标识别[10]、自适应压缩[11]、图像检索等领域也有相关应用。由此可看出,显著性检测算法有很好的应用范围。

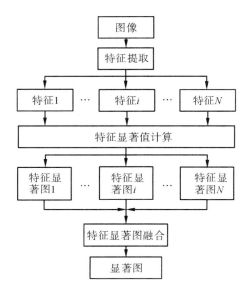

图 5-2　显著性检测基本模型

　　显著性检测的本质是一种视觉注意模型,该模型利用视觉注意机制检测出图像中最引人注目的区域,也就是注意焦点,并用相应强度作为显著性度量。Treisman 和 Gelade、Koch 和 Ullman 的早期工作,以及 Itti、Wolfe 等人提议将视觉注意机制分为两个阶段:自底而上的显著性检测和自顶而下的显著性检测。自底而上的显著性检测主要利用颜色、亮度、边缘、纹理等底层特征来决定图像某个区域和它周围区域的对比度,没有任何的先验知识,由数据驱动,自动捕获人眼关注的区域。自顶而下的显著性检测基于高级视觉特征,有先验知识的学习,由知识和任务驱动,以自我意识决定人眼关注的区域。[12-15]

　　显著性检测的基本模型如图 5-2 所示,主要分为三个模块:特征提取、特征显著值计算和特征显著图融合,最终得到显著图。

　　显著性检测方法很多,经典的方法有 7 种:Itti 模型、LC(Luminance-based

Contrast) 模型、FT(Frequency Tuned) 模型、SR(Spectral Residual) 模型、HC(Histogram-based Contrast) 模型、RC(Region-based Contrast) 模型和 AC 模型。其中,Itti 模型利用高斯金字塔将原始图像进行尺度缩放,分别在 9 个尺度上提取亮度、颜色、方向特征,然后利用中心 - 周围算子得到各个特征的特征图,最后利用图像归一化算子得到最终的显著图。[14] Itti 模型共要计算亮度特征图 6 个、颜色特征图 12 个、方向特征图 24 个,计算复杂度高。而 LC 模型在灰度图像中,仅计算像素与图像所有像素的颜色对比度[16]。LC 模型方法简单,尤其经过直方图加速后速度更快。FT 模型则首先利用 5×5 卷积对原始图像进行高斯滤波,然后利用滤波后图像相应像素的 Lab 颜色特征与整幅图像的 Lab 颜色特征的平均向量的距离计算显著值。[17] FT 模型只利用了高斯滤波和平均值计算,方法简单,是一种全局对比的方法。SR 模型首先利用傅里叶变换将图像变换到频域,得到图像的振幅和相位谱,然后将振幅变换为对数谱,并计算剩余谱,最后将相位谱和剩余谱利用反傅里叶变换得到空域的显著图。[18] SR 模型只利用了傅里叶变换和反变换,计算速度也较快。HC 模型的原理和 LC 模型的原理类似,但 HC 模型使用的不是灰度图像,而是彩色图像,并通过直方图量化来减少图像像素颜色的总数,利用颜色空间平滑量化后产生的噪声。[19] 直方图量化和颜色空间平滑占用了较多的计算资源。RC 模型首先将图像分割成若干个区域,然后计算区域及颜色对比度,再用每个区域和其他区域对比度加权和来为此区域定义显著性值。RC 模型依赖于图像分割效果的好坏,同时图像分割也耗费了较长时间。Achanta 等人提出利用 Lab 颜色特征,通过计算中心区域与周围区域的差异来获得显著性值,简称 AC 模型。[20]

　　将以上 7 种经典方法运用到内河航运图像中进行运动船舶的显著性检测,图 5-3 所示为对图 5-1(b) 的原始图像进行检测的结果。从图 5-3 可看出,Itti 模型得到的显著图整体较模糊,船舶轮廓不清晰,易检测出船舶周围区域;RC 模型虽然更明确地突出船舶,但在一定程度上丢失了某些信息;SR 模型只能在大致范围内指明目标所在区域,不能指明确切位置和轮廓,且不能完整地突出目标,目标内部信息丢失;LC、HC、FT 模型得到的显著图比较相似,但 FT 模型的显著图在目标边缘清晰度突然下降,由于在频域计算显著值,整幅显著图更模糊,呈现较平滑的特点,HC 模型由于采用直方图量化,在某个区域内显著值相同,呈现块状特性;LC 模型和 AC 模型得到的显著图有较高的分辨率,且目标位置和轮廓清晰,但 AC 模型的显著图中船舶的显著值与水面、天空、楼宇的显著值对比度更高,更易提取出船舶,因此本书的显著性检测采用了 AC 模型。

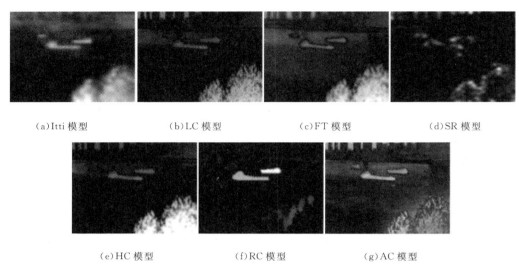

(a)Itti 模型　　　　　(b)LC 模型　　　　　(c)FT 模型　　　　　(d)SR 模型

(e)HC 模型　　　　　(f)RC 模型　　　　　(g)AC 模型

图 5-3　某序列初始帧图像显著区域提取结果

5.2.2　AC 模型

首先通过 AC 模型计算内河运动船舶显著图 $c_{(x,y)}$:

$$c_{(x,y)} = \boldsymbol{D}\left[\left(\frac{1}{N_1}\sum_{p=1}^{N_1}\boldsymbol{v}_p\right),\left(\frac{1}{N_2}\sum_{q=1}^{N_2}\boldsymbol{v}_q\right)\right] \tag{5-5}$$

其中,N_1、N_2 分别是像素 (x,y) 的中心区域 R_1 和周围区域 R_2 的像素个数;$\boldsymbol{v} = (L,a,b)^{\mathrm{T}}$ 是像素的 Lab 模式的特征向量。考虑到不同尺寸的船舶,将 R_2 缩放到 3 个不同的尺寸,分别为 $w/8$、$w/4$、$w/2$,其中 w 是图像的宽。得到每幅图像在 3 个不同尺度上的显著图后,归一化并融合得到 AC 显著图:

$$S_{(x,y)}^{\mathrm{AC}} = \sum_{i=1}^{3} c_{i_{(x,y)}} \tag{5-6}$$

5.2.3　Var 模型

AC 模型主要考虑图像的颜色和亮度特征,而方差也是表征内河图像均匀性的一种重要特征。如图 5-4 所示,黑色方框区域颜色相似,方差较小,而绿色方框区域颜色区别较大,方差较大。因此,本书提出基于方差(Variance)的显著性检测,即 Var 模型。

图像区域方差的定义为:

图 5-4　图像方差示意图

$$\sigma_{(x,y)}^2 = \frac{1}{n}\sum_{i=1}^{n}(g_i - \mu)^2 \tag{5-7}$$

其中，n 是以像素(x,y)为中心的区域 R 内的像素总个数；g_i 是像素的灰度值；μ 是区域内灰度的平均值。式(5-7) 经过进一步推导，可转化为：

$$
\begin{aligned}
\sigma_{(x,y)}^2 &= \frac{1}{n}\sum_{i=1}^{n}(g_i - \mu)^2 \\
&= \frac{1}{n}\sum_{i=1}^{n}g_i^2 - \frac{1}{n}\sum_{i=1}^{n}2g_i\mu + \frac{1}{n}\sum_{i=1}^{n}\mu^2 \\
&= \frac{1}{n}\sum_{i=1}^{n}g_i^2 - 2\mu\frac{1}{n}\sum_{i=1}^{n}g_i + \mu^2 \\
&= \frac{1}{n}\sum_{i=1}^{n}g_i^2 - \mu^2 \\
&= \frac{1}{n}\sum_{i=1}^{n}g_i^2 - \frac{1}{n^2}(\sum_{i=1}^{n}g_i)^2
\end{aligned}
\tag{5-8}
$$

观察发现，式(5-8) 可通过积分图的计算得到 $\sum_{i=1}^{n}g_i^2$ 和 $\sum_{i=1}^{n}g_i$，只需要进行 4 次查询，大大减小了计算复杂度。

为满足不同船舶的尺寸大小，将区域 R 的大小选取 3 个不同大小的值，得到每幅图像在 3 个不同尺度上的显著图后，归一化并融合得到 Var 显著图。区域 R 的大小由经验选取，实验中分别为 3、5、7，则有：

$$S_{(x,y)}^{\text{Var}} = \sum_{i=1}^{n}\sigma_{i(x,y)}^2 \tag{5-9}$$

5.2.4　显著图融合

基于 AC 模型和 Var 模型分别得到显著图后,可知船舶区域显著值应该很高,其他背景区域显著值应该更高。为使两幅显著图融合后的显著值更符合现实场景,采用"与"操作将两幅图融合。这样可避免一幅图像中显著值较大而另一幅图像中显著值较小的情况,只突出两幅图像中显著值都较大的区域。则最终的显著图为:

$$S_{(x,y)} = S_{(x,y)}^{\text{AC}} \cdot S_{(x,y)}^{\text{Var}} \tag{5-10}$$

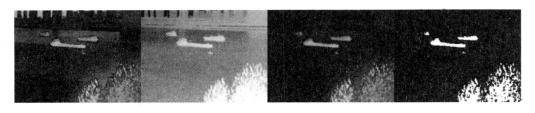

（a）AC 显著图　　　　（b）Var 显著图　　　　（c）AC $\bigcap$ Var　　　（d）改进的 OTSU 阈值化

图 5-5　AC 与 Var 融合的显著图及阈值化结果

如图 5-5 所示,AC 显著图与 Var 显著图经过"与"操作后,两幅显著图中都较大的显著值经过"与"操作后仍然较大,图像边缘的楼宇等显著值降低了,从而去除了天空、楼宇、水面等区域。

进一步根据改进的最大类间方差法自动分割出显著性区域,以二值图像显示。[21] 其步骤如下:

（1）利用阈值 T 将显著图 S 分为两类:

$$\left. \begin{aligned} \phi_1 &= \{ \ S_{1(x,y)} \ | \ S_{\min} \leqslant S_{(x,y)} \leqslant T \} \\ \phi_2 &= \{ \ S_{2(x,y)} \ | \ T \leqslant S_{(x,y)} \leqslant S_{\max} \} \end{aligned} \right\} \tag{5-11}$$

（2）计算显著图 S 的直方图:

$$p_i = N_i / N \tag{5-12}$$

其中,N_i 为显著值 $i(S_{\min} \leqslant i \leqslant S_{\max})$ 出现的个数;N 为显著图像素总数。

（3）两类区域的显著平均值:

$$\left. \begin{aligned} S_{\phi_1} &= \sum_{i=S_{\min}}^{T} \frac{i \cdot p_i}{P_1} \\ S_{\phi_2} &= \sum_{i=T}^{S_{\max}} \frac{i \cdot p_i}{P_2} \end{aligned} \right\} \tag{5-13}$$

其中，p_1、p_2 分别为 ϕ_1、ϕ_2 区域显著值出现的总概率，有：

$$\left.\begin{array}{l} p_1 = \displaystyle\sum_{i=S_{\min}}^{T} p_i \\[6mm] p_2 = \displaystyle\sum_{i=T}^{S_{\max}} p_i \end{array}\right\} \tag{5-14}$$

（4）计算整幅显著图的平均显著值：

$$\overline{S} = \sum_{i=S_{\min}}^{S_{\max}} i \cdot p_i = P_1 S_{\phi_1} + P_2 S_{\phi_2} \tag{5-15}$$

（5）计算两类区域的类间方差：

$$\overline{\sigma}(T) = P_1 (\overline{S} - S_{\phi_1})^2 + P_2 (\overline{S} - S_{\phi_2})^2 \tag{5-16}$$

（6）计算两类区域的类内方差：

$$\left.\begin{array}{l} \sigma_{\phi_1^2} = \displaystyle\sum_{i=S_{\min}}^{T} (i - S_{\phi_1})^2 \\[6mm] \sigma_{\phi_2^2} = \displaystyle\sum_{i=T}^{S_{\max}} (i - S_{\phi_2})^2 \end{array}\right\} \tag{5-17}$$

（7）得到最优阈值：

$$T^* = \mathrm{Argmax}\{ (1 - p_T)(\overline{\sigma^2}) / (\sigma_{\phi_1^2} + \sigma_{\phi_2^2}) \} \tag{5-18}$$

选择改进的 OTSU 阈值化而不是 OTSU 阈值化，是因为改进的 OTSU 阀值化使类内方差更小，类间方差更大。如图 5-6 所示，针对 AC 显著图，改进的 OTSU 阈值化分割结果显然比 OTSU 阈值化分割中船舶周围噪声要小。

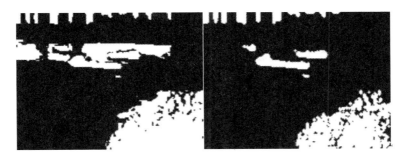

图 5-6　OTSU 阈值化、改进的 OTSU 阈值化分割结果对比

5.3　像素分类与背景更新

由前面可知,基于稀疏表示的背景差分法易检测出船舶运动痕迹,而基于 AC 和方差提取的内河航运显著区域检测出所有感兴趣的目标,包括运动船舶和其他目标,但船舶的轮廓清晰,与其他背景有明显的分界。将这两种方法的优点融合,即将基于稀疏表示的背景差分法的检测结果与基于 AC 和方差的内河航运显著图按位逻辑"与",就可以得到最终检测结果:

$$f_t = S_t \bigcap \tilde{f}_t \tag{5-19}$$

背景更新策略也是检测的关键。由图 5-7(a)可知,初始帧检测结果中仍存在一些噪声,为了实现长时间鲁棒的运动船舶检测,需要对背景图像进行在线学习以适应背景的变化,得到更精确的检测结果。传统的、保守的更新策略是,当像素为背景时,利用像素的灰度值与背景的灰度值的移动平均进行更新;当像素为前景时,不进行更新;当像素被误判为前景像素时,也不进行更新。这显然存在缺陷,因此本书提出新的背景更新策略。第 5.1 节中背景模型估计值由字典 D 和稀疏系数 $\bar{x}$ 决定,稀疏系数 $\bar{x}$ 为像素的平均系数集,保持字典 $\boldsymbol{D}$ 不变,更新 $\bar{x}$。为减小噪声或某些孤立点的影响,统计每个像素的邻域中为前景点的个数 $Count$,如果小于一定的阈值,就对当前为像素的背景模型进行更新,否则不进行更新:

$$\bar{x}_t(i,j) = \begin{cases} (1-\beta)\bar{x}_{t-1}(i,j) + \beta x_t(i,j), & Count \leqslant T_1 \\ \bar{x}_{t-1}(i,j), & Count > T_1 \end{cases} \tag{5-20}$$

其中,$Count$ 为像素(i,j) 的 $q \times q$ 的邻域中前景点的个数:

$$Count = \sum_{u=1}^{q}\sum_{v=1}^{q} label(i+u,j+v) = \sum_{u=1}^{q}\sum_{v=1}^{q} label(u_1,v_1) \tag{5-21}$$

$$label(u_1,v_1) = \begin{cases} 1, & f_t(i_1,j_1) = 255 \\ 0, & f_t(i_1,j_1) = 0 \end{cases} \tag{5-22}$$

β 为学习率,当 β 越大时,背景更新速度越快;反之,背景更新速度越慢。经过大量的实验测试,选取 $\beta = 0.05$。

本节提出的更新策略显然能够在一定程度上解决传统更新策略存在的问题。如图 5-7(b)、图 5-7(c)所示,进行背景更新后,初始背景中含有的船舶运动痕迹会逐渐淡去,可得到更准确的背景模型。

(a) 初始帧检测结果　　　　(b) 第 100 帧背景图像　　　　(c) 第 100 帧检测结果

图 5-7　某序列背景更新结果

5.4　算法分析

本章提出的融合稀疏表示的背景建模的显著性检测运动船舶的算法流程如图 5-8 所示。其基本思想是：(1) 通过随机采样建立原始数据集，分别得到字典和稀疏系数集，计算背景模型的估计值，得到基于稀疏表示的背景差分图；(2) 对于当前帧，分别基于 AC 模型和 Var 模型得到内河航运显著图，融合后得到最终的显著图；(3) 将背景差分图与显著图按位逻辑"与"得到检测结果；(4) 更新稀疏系数集。

5.4.1　理论分析

从本质上来说，基于稀疏表示与显著性检测的内河航运运动船舶检测算法利用了文献 [22](Sparse Coding and Gaussian Modeling of Coefficients Average,SCGMCA) 证明的范例，即将稀疏表示用于背景减除法。但是本章算法 (Sparse Code Saliency Detection,SCSD) 与 SCGMCA 算法有明显的不同，主要体现在以下几个方面：(1) 在计算稀疏系数集阶段，没有对图像序列进行二次采样，从而不需要对二次采样的图像进行 OMP 分解，而是直接利用字典学习阶段得到的稀疏系数矩阵 A，提高了运算效率；(2)SCGMCA 算法没有指出明确的背景更新步骤，而 SCSD 算法提出了背景更新策略，消除背景建模时留下的运动痕迹，实现长时间鲁棒的运动船舶检测；(3) 在阈值分割阶段，SCGMCA 算法采用 K-means 算法，将前景图像分成两类，而 SCSD 算法采用 OTSU 算法进行分割，在运算速度上稍快；(4)SCGMCA 算法提出利用稀疏系数的高斯分布得到置信图像，由于稀疏系数的不稳定性，得到的置信图像并不准确。

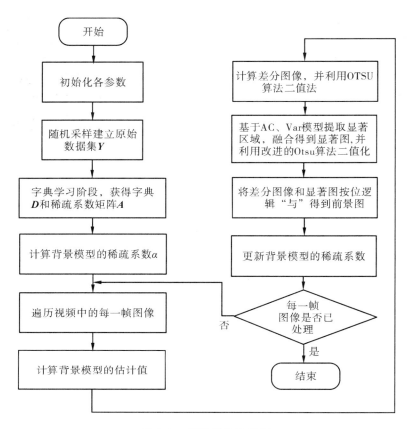

图 5-8　算法整体流程图

　　同时,本章算法 SCSD 也是在文献[3](简称 Teng 算法)的启发下设计和实现的,但是 SCSD 算法与 Teng 算法的区别体现在:(1)在背景建模阶段,Teng 算法采用的是改进的混合高斯模型,对于波纹较大的视频场景更容易检测出水波纹,而 SCSD 算法采用的是基于稀疏表示的背景差分法,得到稍模糊的背景模型,对水波纹的适应性较强;(2)在显著性检测阶段,Teng 算法利用 Itti 模型,检测出的船舶轮廓不清晰,且易检测出船舶周围区域,虚警率高。SCSD 算法基于 AC 模型和方差分别得到显著图,并相互融合,提取的感兴趣目标轮廓清晰,目标完整无空洞,漏检率低、噪声小,显著区域与非显著区域对比度高;(3)在显著区域提取的阈值分割阶段,Teng 算法利用 OTSU 算法,而 SCSD 算法利用改进的 OTSU 算法,得到的阈值图像含有更小的噪声;(4)使用显著性检测的目的不同,Teng 算法主要利用显著性检测来滤除波纹,SCSD 算法主要用于区分背景模型中的运动痕迹和运动船舶,同时船舶与水的显著值有明显不同,可用于滤除波纹。

5.4.2　实验分析

为测试本章方法的有效性,在 6 个具有挑战性的内河航运视频上进行测试,并与 SCGMCA 算法进行比较。在所有测试序列中,各算法参数均调整到最优。本章算法 SCSD 所采用的参数为:$m = 100, n = 1000, q = 7, K = 200, \varepsilon = 0.1$。

图 5-9 展示了不同学习率对实验结果的影响,其中第一行是背景图像,第二行是前景图像,每列依次是 $\beta = 0.01$、0.02、0.03、0.04、0.05,阈值 T_1 均为 3。从中可以看出学习率越高,背景更新速度越快,噪声也消失得更快。

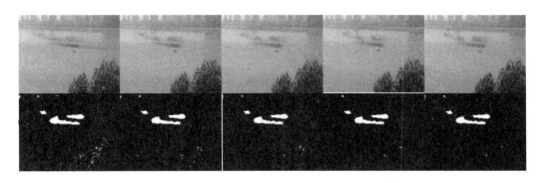

图 5-9　不同学习率 β 对实验结果的影响

图 5-10 展示了不同阈值对实验结果的影响,其中第一行是背景图像,第二行是前景图像,每列依次是 $T_1 = 0$、1、2、4、5,学习率 β 均为 0.05。从中可以看出阈值越高,背景更新速度越快,噪声也消失得更快,实验中取 $T_1 = 5$。

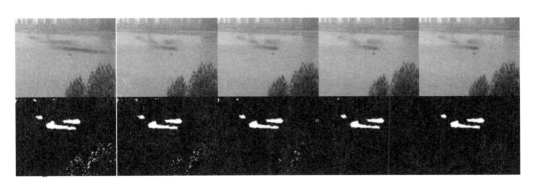

图 5-10　不同阈值 T_1 对实验结果的影响

本章所用的测试序列如图 5-11 所示,序列 1 长 510 帧,两艘船相对而行,大量的水波纹易造成干扰,代表了动态变化场景的一种极端情形;序列 2 长 685 帧,快艇从第 247 帧开始进入视野,也有大量的水波纹;序列 3 长 879 帧,运动船舶目

标较大且运动速度慢,容易造成空洞,是运动船舶检测中慢船的主要代表。序列4
长1294帧,有3艘慢船在行驶,且有一艘船的运动速度几乎看不到。

图5-11展示了本章SCSD算法与SCGMCA算法定性的比较结果,图中的测
试帧分别为这4个序列的第460、340、279、264帧,第一列图像是测试帧,第二列
图像是基准图,其他两列依次是SCGMCA算法和本节SCSD算法的检测结果。
可以看出,本节SCSD算法既能较好地检测运动速度较慢的船舶,也能较好地检
测体积较大的船舶,能消除伪目标,弥补空洞,大大降低了漏检率。

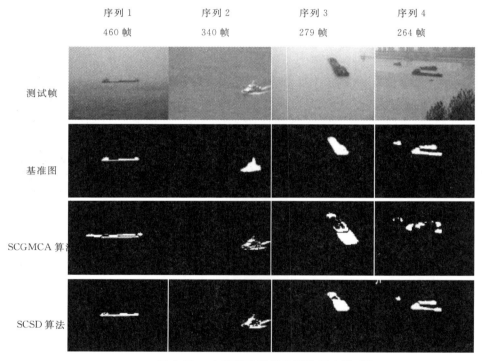

序列1 460帧　序列2 340帧　序列3 279帧　序列4 264帧

测试帧　基准图　SCGMCA算法　SCSD算法

图5-11　内河运动船舶检测结果定性对比

表5-1给出了本章SCSD算法和SCGMCA算法对上述4个序列检测结果的
定量评价。可以看出,本章算法的三种指标都远高于SCGMCA算法,可有效地提
高内河运动船舶检测的准确率。

表 5-1　　运动船舶检测的定量评价

算法	评价标准	序列 1	序列 2	序列 3	序列 4
SCGMCA	*Re*	0.6761	0.3989	0.4445	0.4130
	Pr	0.1846	0.4342	0.2939	0.2870
	FM	0.2899	0.4158	0.4542	0.3387
SCSD	*Re*	0.8717	0.4985	0.9638	0.8406
	Pr	0.7677	0.5245	0.8987	0.9119
	FM	0.8146	0.5112	0.9301	0.8784

参 考 文 献

[1]　AHARON M，ELAD M，Bruckstein A. K-SVD：an algorithm for designing over-complete dictionaries for sparse representation [J]. IEEE Transactions on Signal Processing，2006，54(11)：4311-4322.

[2]　PARKS D H，FELS S S. Evaluation of background subtraction algorithms with post-processing [C]//The IEEE 5th International Conference on Advanced Video and Signal Based Surveillance. IEEE，2008.

[3]　滕飞，刘清，朱琳，等. 波纹干扰抑制下内河 CCTV 系统运动船舶检测[J].计算机仿真，2015(06)：247-250.

[4]　HAN J，NGAN K N，LI M，et al. Unsupervised extraction of visual attention objects in color images [J]. IEEE Transactions on Circuits & Systems for Video Technology，2006，16(1)：141-145.

[5]　KO B C，NAM J Y. Object-of-interest image segmentation based on human attention and semantic region clustering [J]. Journal of the Optical Society of America A-Optics Image Science & Vision，2006，23(10)：2462-70.

[6]　WANG Y S，TAI C L，SORKINE O，et al. Optimized scale-and-stretch for image resizing [C]. ACM SIGGRAPH Asia. ACM，2008：118.

[7]　ZHANG G，CHENG M，HU S，et al. A shape-preserving approach to image resizing [J]. Computer Graphics Forum，2010，28(7)：1897-1906.

[8]　WU H，WANG Y S，FENG K C，et al. Resizing by symmetry-summarization [C]//ACM SIGGRAPH Asia. ACM，2010：159.

[9]　DING M，TONG R F. Content-aware copying and pasting in images [J]. The Visual Computer，2010，26(6)：721-729.

[10]　RUTISHAUSER U,WALTHER D,KOCH C,et al. Is bottom-up attention useful for object recognition? [C]//IEEE Computer Society Conference on Computer Vision and Pattern Recognition. IEEE Computer Society. IEEE,2004:37-44.

[11]　CHRISTOPOULOS C,SKODRAS A,EBRAHIMI T. The JPEG2000 still image coding system:An overview [J]. IEEE Transactions on Consumer Electronics,2000, 46(4):1103-1127.

[12]　TREISMAN A M,GELADE G. A feature-integration theory of attention [J]. Cognitive Psychology,1980,12(1):97-136.

[13]　KOCH C,ULLMAN S. Shifts in selective visual attention:towards the underlying neural circuitry [J]. Human Neurobiology,1985,4(4):219.

[14]　ITTI L,KOCH C,NIEBUR E. A Model of Saliency-Based Visual Attention for Rapid Scene Analysis [M]. IEEE Computer Society,1998.

[15]　WLOFE J M,HOROWITZ T S. What attributes guide the deployment of visual attention and how do they do it? [J]. Nature Reiview Neuroscience,2004,5(6):495.

[16]　ZHAI Y,SHAH M. Visual attention detection in video sequences using spatio-temporal cues [C]//ACM International Conference on Multimedia,2006:815-824.

[17]　ACHANTA R,HEMAMI S,ESTRADA F,et al. Frequency-tuned salient region detection [C]//Computer Vision and Pattern Recognition. IEEE,2009:1597-1604.

[18]　HOU X,ZHANG L. Saliency detection:a spectral residual approach [C]// Computer Vision and Pattern Recognition. IEEE,2007:1-8.

[19]　CHENG M M,ZHANG G X,MITRA N J,et al. Global contrast based salient region detection [C]//IEEE Transactions on Pattern Analysis and Machine Intelligence. IEEE,2011,37(3):569-582.

[20]　ACHANTA R,ESTRADA F,WILS P,et al. Salient region detection and segmentation [C]//The 6th International Conference on Computer Vision Systems,2008:66-75.

[21]　李春雷,张兆翔,刘洲峰,等. 基于纹理差异视觉显著性的织物疵点检测算法[J]. 山东大学学报(工学版),2014(04):1-8.

[22]　DAVID C,GUI V. Sparse coding and Gaussian modeling of coefficients average for background subtraction [C]//International Symposium on Image and Signal Processing and Analysis. IEEE,2013:230-235.

第 6 章　　实验对比分析

为了更直观地比较各种算法的性能,本章将对前述章节的 6 种内河船舶检测算法在 24 段 CCTV 图像序列中进行综合性对比实验。这 6 种算法分别是GMM 算法、codebook 算法、ViBe 算法、优化的 SubSENSE 算法（记为OpSubSENSE）、SCSD算法以及 MEADGS算法。实验设备硬件环境是 Intel（R）Xeon（R）CPU E5-2670 v2 2.5 GHz（20 核）,64G 内存,8T 硬盘。

6.1　参数设置

实验过程中 GMM 算法的代码由文献[1]提供,codebook 以及 ViBe 代码由文献原作者提供,其余代码由本书作者实现。各算法的参数均调整至最优值,具体设置如表 6-1 所示。

表 6-1　各算法的详细参数

算法	参　　数
GMM	$\alpha = 0.005, \beta = 2.5, T = 0.7$
codebook	$\breve{I}_m = \hat{I}_m = 20, \varepsilon_1 = 10$
ViBe	$N = 20, R = 20, \#_{min} = 2, T = 16$
OpSuBSENSE	$R^0_{RGB} = 30, R^0_{LBSP} = 3, N = 30, v_{incr} = 1, v_{decr} = 0.1$
SCSD	$m = 100, n = 1000, bb = 7, K = 200, \varepsilon = 0.1$
MEADGS	$\tau = 100, \alpha = 0.05, \beta = 2, th_{min} = 10, th_{max} = 100$

6.2　定性实验结果及分析

图 6-1 和图 6-2 显示的是 6 种算法对第 2.4.1 节中 7 个图像序列的定性实验结果。图 6-1 中第一行图像是测试帧,第二行图像为运动船舶的真实标记,其他 6行依次是 GMM算法、codebook算法、ViBe算法、OpSuBSENSE算法、SCSD算法和 MEADGS算法的检测结果。

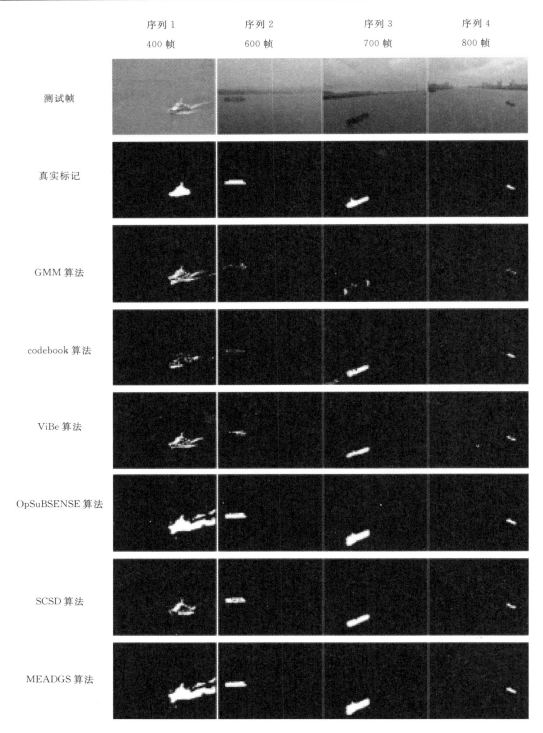

图 6-1　6 种算法对前 4 个图像序列的检测结果

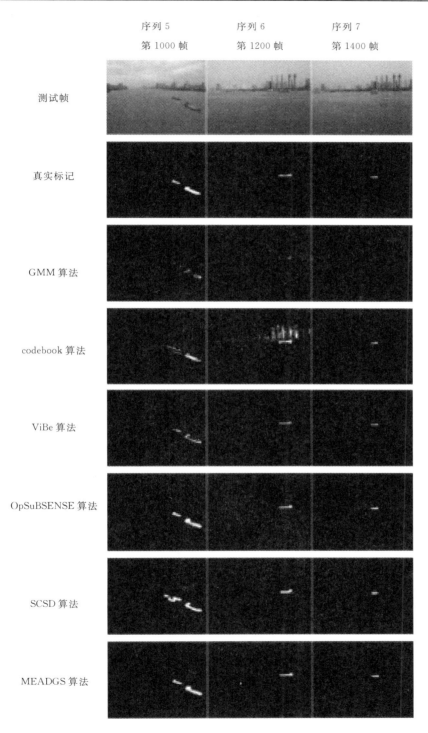

图 6-2　6 种算法对后 3 个图像序列的检测结果

由图 6-1 可以发现,相对于 GMM 算法和 codebook 算法,ViBe 算法在抑制噪声干扰的同时,也能获得较为完整的船舶目标,检测效果有明显提高。其不足之处在于检测船舶颜色与背景相近的序列 2 时存在一定的漏检现象。OpSuBSENSE 算法较 ViBe 算法能获得更加完整的前景目标,但是其误检的前景像素点也明显地增加。MEADGS 算法和 SCSD 算法在检测船舶颜色与背景相近的序列 2 时表现良好。在检测序列 1 时,MEADGS 算法能有效抑制水波纹的干扰,但存在空洞问题;SCSD 算法检查的船舶目标完整,但是水波纹干扰严重。

6.3　定量实验结果及分析

表 6-2 给出了 6 种算法对 5 类图像序列检测结果的定量评价。根据表 6-2 数据,GMM 算法和 codebook 算法的平均 FM 值均低于 0.5,在内河船舶检测任务中表现得较差;ViBe 算法的准确率 Pr 值最高,表现出对环境干扰较强的抑制能力;但其召回率 Re 值排名第 4,漏检现象明显,综合排名第 3。ViBe 算法对于简单场景和小尺寸船舶场景综合得分最高,但对于低清晰度场景表现不佳,综合评价值只有 0.370。OpSubSENSE 算法的召回率 Re 值最高,为 0.899,高出排名第 2 的算法 18.6%,能最为完整地检测出船舶目标;但其准确率 Pr 值排名第 3,综合得分排名第 2。OpSubSENSE 算法对于动态背景场景表现最佳,且在小尺寸船舶场景、慢速船舶场景以及低清晰度场景下均排名第 2,表现出对各类场景较强的鲁棒性。MEADGS 算法的综合得分与 ViBe 算法相当,但是其对各类场景下的船舶检测表现得更加均衡,对低清晰度场景的检测能力具有明显的提升;SCSD 算法对 24 个图像序列的召回率 Re 值和准确率 Pr 值均排名第 2,综合评价值 FM 最高。在 5 类场景中,SCSD 算法对于慢速船场景和低清晰度场景排名第 1,对于简单场景和动态背景场景排名第 2,对小尺寸船舶场景排名第 3,检测表现得最好。

近年来压缩感知的方法在视觉领域中得到较好的应用,本书在内河航运的船舶动态检测算法研究中,提出基于稀疏表示的 MEADGS 算法和 SCSD 算法在内河船舶检测任务中均有较好的表现,且对各类场景均具有较强的适应能力。这是因为通过对背景模型的稀疏表示,背景模型中各个像素点将具有更大的感知区域,以获得更多外部数据;并且通过合适的重建算法,模型能有效地提取出这些数据中所蕴含的信息,从而表现出对环境变化较强的适应能力和对前景目标较强的辨识度。

表6-2数据同时表明,不同算法对各类场景的适应能力不尽相同。如 ViBe 算法对于简单场景和小尺寸船舶场景综合得分最高,OpSuBSENSE 算法对于动态背景场景表现最佳,而 SCSD 算法则对于慢船场景和低清晰度场景的适应能力最强。在上述的各算法中,仍然没有一种算法能很好地适用于各种情况。

表 6-2　6 种算法对 5 类图像序列的检测的结果

算法	指标	baseline	dynamic	smallship	slowship	mistines	overall
GMM	Re	0.174	0.373	0.162	0.1	0.098	0.181
	Pr	0.325	0.370	0.232	0.272	0.454	0.331
	FM	0.222	0.357	0.167	0.145	0.136	0.205
codebook	Re	0.689	0.513	0.706	0.308	0.153	0.474
	Pr	0.733	0.368	0.407	0.275	0.932	0.543
	FM	0.678	0.418	0.459	0.27	0.223	0.410
ViBe	Re	0.840	0.733	0.703	0.637	0.263	0.655
	Pr	0.852	0.620	0.870	0.580	0.985	0.782
	FM	0.844	0.668	0.764	0.580	0.370	0.664
OpSuBSENSE	Re	0.934	0.943	0.658	0.658	0.794	0.899
	Pr	0.724	0.579	0.653	0.692	0.731	0.644
	FM	0.805	0.701	0.743	0.641	0.734	0.727
MEADGS	Re	0.836	0.652	0.835	0.654	0.611	0.730
	Pr	0.795	0.662	0.474	0.502	0.746	0.637
	FM	0.809	0.635	0.582	0.559	0.659	0.655
SCSD	Re	0.821	0.770	0.645	0.819	0.730	0.758
	Pr	0.825	0.617	0.593	0.844	0.886	0.756
	FM	0.814	0.682	0.588	0.820	0.780	0.741

参 考 文 献

https://github.com/andrewssobral/bgslibrary[EB/OL].

第 7 章　　自适应运动船舶检测算法

内河航运中,由于环境的复杂性以及目标形态、运动行为的多样性,某一种特定的算法难以同时鲁棒地适应不同的场景。在第 6 章的实验结果分析中,虽然 OpSubSENSE 算法和 SCSD 算法获得了较为理想的检测效果,但所适用的场景不尽相同,在实际使用中,难以确定应选择的算法。针对这个问题,本章提出了一种自适应运动目标检测策略,以同时适应不同的环境或同一环境的多种干扰。基于该策略,设计了一种包含 10 种检测算法的自适应内河航运船舶视觉检测系统,实现复杂环境下对运动船舶的鲁棒检测。

7.1　算法整体框架

由第 6 章对不同图像序列的实验可以发现,对于某一类别的图像序列,虽然单一的算法难以同时获得较高的召回率和准确率,但是其可以分别获得较高的召回率或准确率。例如第 6 章中对于低清晰度场景的检测,ViBe 算法获得最高的准确率 0.985 ,而 OpSubSENSE 算法获得最高的召回率 0.794。若其能同时获得,综合评价指标值 FM 将达到 0.879,比排名最高的 SCSD 算法高出 12.7%。这表明:通过对不同算法的检测结果进行有效的组合,有望获得更加理想的检测效果。实际上,仔细观察图 6-1 中的第一个图像序列可以发现,某一算法误检的噪声点往往不会同时出现在其他算法中,或者只出现在少数几个算法中;另一方面,某一算法漏检的前景像素点却可以被其他多个算法同时检测。当算法模块足够多且各算法单独检测表现也较好时,这个特性将更加明显。基于此,本章提出了一种自适应运动目标检测策略。

本章提出的自适应运动目标检测策略的整体框架如图 7-1 所示,主要由 3 个部分组成:运动目标检测模块集合(包含 n 个独立的目标检测模块)、前景估计模块和分析比较模块。对于输入的图像序列,运动目标检测模块集合中各算法对其进行并行检测,获得 n 个检测结果。前景估计模块根据各检测结果估计真实的前景图像。分析比较模块负责分析比较前景估计模块与各模块检测结果的相似度,依据相似度动态反馈调整前景估计模块的各个权重参数,实现对各个检测模块的自适应。下文将详细阐述这种自适应策略的具体实现。

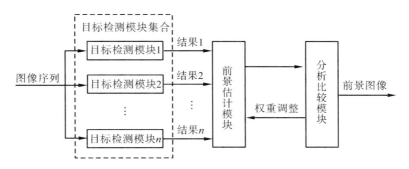

图 7-1　自适应运动目标检测策略框架

7.2　自适应策略

7.2.1　算法原理

由图 7-1 所示,本章提出的自适应运动目标检测的核心是前景估计模块和分析表比较后的权重调整策略,下面进行详细介绍。

当算法模块集合采用 N 个模块对某一图像序列进行检测,且对于某像素点 (x,y) 各模块检测的结果为 $\{f_1(x,y),f_2(x,y),\cdots,f_N(x,y)\}$。那么这 N 个观测值中正确的个数将超过一定的阈值,即

$$\sum_{i=0}^{N} \delta(f_i(x,y) - f_{\text{true}}(x,y)) > T \cdot N \qquad (7\text{-}1)$$

其中,$f_{\text{true}}(x,y)$ 为当前像素的真实标记;$\delta(x,y)$ 为单位冲激函数;T 为预定义的阈值,且 $T \in [0,1]$,较大的阈值 T 能有效抑制噪声点,但同时也会产生更多的漏检点。若设置前景点为 1,背景点为 0,则式(7-1)可转化为

$$\hat{f}(x,y) = \begin{cases} 1, & \dfrac{1}{N}\sum_{i=0}^{N} f_i(x,y) > T \\ 0, & \text{其他} \end{cases} \qquad (7\text{-}2)$$

即对得到的 N 个观测值求平均,若均值超过预定义的阈值,则认为当前像素点为前景目标;否则为背景区域。

在式(7-2)中,认为各个算法模块对像素点 (x,y) 的检测能力相同。而实际

上，由于算法自身的特异性，各个模块检测结果的可信度也不一样，更好的方法是对 N 个观测值 $f_i(x,y)$ 进行加权求和，而不是简单的算法平均，即

$$\hat{f}(x,y) = \begin{cases} 1, & \sum_{i=0}^{N} w_i(x,y)f_i(x,y) > T \\ 0, & \text{其他} \end{cases} \tag{7-3}$$

其中，$w_i(x,y)$ 为各算法模块在像素点 (x,y) 处对应的权重。

在检测过程中权值 $w_i(x,y)$ 不能是固定值，必须自动调整，才能满足自适应的要求。本章提出的前景检测式(7-3)思想与 GMM 算法中式(2-30)相似，区别在于式(7-3)中将判断为背景的观测值($\hat{f}(x,y)=0$)显式地表现出来。此时，每个算法模块对应 GMM 算法中的一个高斯模型。基于这个考虑，本章提出来的权重调整策略为：采取与 GMM 算法相似的方法对各个算法模块的权重 $w_i(x,y)$ 进行更新，即

$$\omega_{i,t}(x,y) = (1-\alpha)\omega_{i,t-1}(x,y) + \alpha M_{i,t} \tag{7-4}$$

其中，$w_{i,t}(x,y)$ 为 t 时刻第 i 个算法模块在像素点 (x,y) 处的权重；α 为模型的学习率，$\alpha \in [0,1]$；$M_{i,t}$ 为匹配因子。若当前模块的观测值 $f_i(x,y)$ 与前景图像估计值 $\hat{f}(x,y)$ 匹配，则 $M_{i,t}$ 赋值为 1；否则 $M_{i,t}$ 为 0。根据式(7-4)对 $w_i(x,y)$ 更新后，还需要对其进行归一化。通过这种自适应的方式，$w_i(x,y)$ 将逐渐收敛于最优值，并通过式(7-3)获得最优的前景图像。

7.2.2　权重自适应调整的空间相关

在第 7.2.1 节的自适应策略中，通过式(7-4)实现对参数 $w_i(x,y)$ 的自动调整。这种参数学习模式没有考虑各像素权重的空间相关性。实际上，若某一算法模块适用于待检测的图像序列，该算法模块的各个观测值 $f_i(x,y)$ 将同时具有较高的可信度，即各像素点对应的权重 $w_i(x,y)$ 呈现一定的空间一致性。基于此，可先估计各算法模块在当前图像序列中的整体表现，并以此为参考重新估计前景图像，加快自适应算法收敛的速度和准确度。

具体算法是，在通过式(7-3)估计出前景图像 $\hat{f}$ 后，结合各算法模块的观测值 f_i，计算各算法在当前帧的整体表现 FM 值。则各算法在当前帧的 FM_i 值为

$$FM_i = 2 \cdot \frac{Pr \cdot Re}{Pr + Re} = \frac{2 \cdot TP}{2 \cdot TP + FP + FN} \tag{7-5}$$

引入系数 $\gamma_i(x,y)$，将各算法的整体表现 FM_i 值参与到权重的调整中，即

$$\gamma_i(x,y) = \frac{FM_i \cdot \omega_i(x,y)}{\sum\limits_{i=1}^{N} FM_i \cdot \omega_i(x,y)} \tag{7-6}$$

因此,前景图像的估计变为

$$\hat{f}_1(x,y) = \begin{cases} 1, & \sum\limits_{i=0}^{N}\gamma_i(x,y)f_i(x,y) > T \\ 0, & \text{其他} \end{cases} \tag{7-7}$$

由于考虑了算法的整体表现,与 $w_i(x,y)$ 相比,$\gamma_i(x,y)$ 更能反映各个观测值 $f_i(x,y)$ 的可信度,加权组合的前景图像 $\hat{f}_1$ 也更接近真实标记值 f_{true}。因此,在对 $w_i(x,y)$ 进行更新时,使用 $\hat{f}_1$ 与观测值 $f_i(x,y)$ 进行匹配。算法 7-1 为本章提出的自适应策略的具体实现步骤。

算法 7-1 自适应策略

1.输入:N 个观测值 $\{f_1(x,y), f_2(x,y), \cdots, f_N(x,y)\}$

2.初始化各算法模块在各个像素点权重 $w_i(x,y)$

3.第一次估计前景图像 $\hat{f}$,其前景点满足 $\sum\limits_{i=0}^{N}\omega_i(x,y)f_i(x,y) > T$

4.将 N 个观测值与 $\hat{f}$ 进行比较获得各个算法的整体表现 FM_i 值

5.$\gamma_i(x,y) = \dfrac{FM_i \cdot \omega_i(x,y)}{\sum\limits_{i=1}^{N} FM_i \cdot \omega_i(x,y)}$

6.再次估计前景图像 $\hat{f}_1$,其前景点满足 $\sum\limits_{i=0}^{N}\gamma_i(x,y)f_i(x,y) > T$

7.更新权重 $\omega_i(x)$,当 $f_i(x,y)$ 与 $\hat{f}_1(x,y)$ 匹配时 $M_{i,t} = 1$;否则 $M_{i,t} = 0$

$w_{i,t}(x,y) = (1-\alpha)w_{i,t-1}(x,y) + \alpha M_{i,t}$

9.输出:$\hat{f}_1$

7.3　实验结果分析

为了验证本章提出的自适应运动目标检测算法的有效性,本节选取了 10 种船舶检测算法形成检测模块集合,以内河航运船舶运动检测为目标,设计了一种自适应的内河航运船舶视觉检测系统,并在第 2 章的 24 段图像序列上与各算法单独进行实验对比分析。这 10 种算法分别是改进的混合高斯模型 DPZivGMM(Gaussian Mixture Model of Zivkovic)算法[1]、自适应的自组织映射网络 LBAdaSOM(Adaptive Self-Organizing Maps) 算法[2]、codebook 算法、基于像素的自适应单词一致性分割 PAWCS(Pixel-based Adaptive Word Consensus Segmenter) 算法[3]、局部二值相似性分割 LOBSTER(Local Binary Similarity Segmenter) 算法[4]、ViBe 算法、SuBSENSE 算法、OpSubSENSE 算法、MEADGS 算法以及 SCSD 算法。本章设计了自适应的内河航运船舶视觉检测系统(Adaptive visual detection system for inland ship,AdaShipDet)。

7.3.1　有效性分析

表 7-1 显示了 AdaShipDet 与单独的 10 种算法在 24 段图像序列的平均准确率 Pr、召回率 Re 以及 FM 值。其中,AdaShipDet_10 为由 10 种算法融合而成的自适应检测结果,且预定义阈值 T 设置为 0.47。由表 7-1 可以发现,准确率 Pr 最高的是 ViBe 算法,达到 0.782,但其对应的召回率为 0.655,排名第 6,致使 ViBe 算法综合评价值 FM 只有 0.664,排名第 4。召回率最高的是 OpSubSENSE 算法,为 0.868,但其算法的准确率却只有 0.642,排名第 5,最后的综合评价值 FM 为 0.718,排名第 3。而 AdaShipDet_10 系统获得最高的综合评价值 FM,为 0.764,高出排名第二的 SCSD 算法 3.1%。另一方面,AdaShipDet_10 系统的准确率 Pr 为 0.759,排名第 2,召回率 Re 为 0.810,排名第 3,显示出本章提出的自适应的运动目标检测策略能有效综合各算法模块的优势,获得更优的检测效果。在本章设计的自适应策略中综合评价值 FM 参与了参数调整,因此 AdaShipDet_10 系统的最终综合评价值最高。显然,如果某应用场景需要其他指标作为最优参数,仍然可以用本章算法的思路对参数进行调整。

表 7-1　不同算法对 24 段图像序列的平均 Pr、Re 以及 FM 值

算　　　法	Pr	Re	FM
DPZivGMM	0.616	0.650	0.601
LBAdaSOM	0.413	0.834	0.503
codebook	0.542	0.495	0.428
PAWCS	0.634	0.498	0.485
LOBSTER	0.641	0.487	0.525
ViBe	0.782	0.655	0.664
SuBSENSE	0.703	0.573	0.550
OpSubSENSE	0.642	0.868	0.718
MEADGS	0.637	0.730	0.655
SCSD	0.756	0.758	0.741
AdaShipDet_10	0.759	0.810	0.764

7.3.2　鲁棒性分析

图 7-2 和图 7-3 记录了 AdaShipDet_10 算法以及表 7-1 中综合评价值 *FM* 超过 0.6 的 5 种算法对第 2.4.1 节中 7 个图像序列的检测结果。其中第一行图像是测试帧,第二行图像是真实标记,其他 6 行依次是 DPZivGMM 算法、MEADGS 算法、ViBe 算法、OpSuBSENSE 算法、SCSD 算法以及 AdaShipDet_10 算法的检测结果。

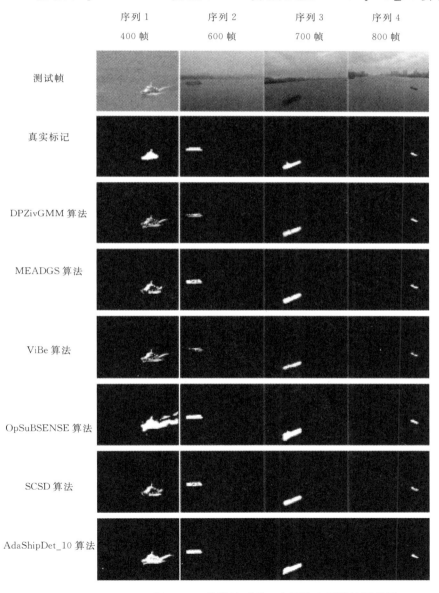

图 7-2　6 种算法对前 4 个图像序列的检测结果

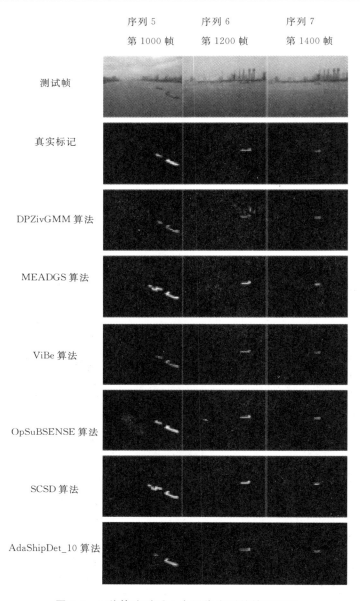

图 7-3　6 种算法对后 3 个图像序列的检测结果

　　在图 7-2 和图 7-3 中，DPZivGMM 在检测图像序列 3 和序列 6 时，噪声干扰严重。MEADGS 算法和 ViBe 算法则在检测序列 1 和序列 2 时仍然存在一定的漏检问题。OpSuBSENSE 在检测序列 1 时波纹干扰严重，而 SCSD 算法在检测序列 1 时获得的船舶目标存在空洞问题。同时，这 5 种算法在检测序列 5 时，均难以消除因初始帧中含有运动船舶而出现的"鬼影"现象。而本章提出的 AdaShipDet_10 算法对 7 个图像序列的检测结果较为理想，尤其是对序列 1 和序列 5，在获得完整的运动目标的同时也能有效抑制水波纹干扰和"鬼影"现象。

为了进一步比较本章提出的 AdaShipDet_10 系统与其他各算法对不同场景的鲁棒性,表 7-2 记录了各算法对 5 类场景的综合评价值 FM。表 7-2 中的数据表明,AdaShipDet_10 算法在简单场景、小尺寸船舶场景和低清晰场景中综合评价值 FM 最高,且在另外两种场景中排名第 2。这进一步表明 AdaShipDet_10 算法的自适应机制能有效地综合各算法模块的优势。另一方面,除小尺寸船舶场景外,AdaShipDet_10 算法对其他各类场景的综合评价值 FM 均超过了 0.7。而慢船场景的得分也达到 0.647,排名第 2,表明了本文提出的自适应运动目标检测算法对各类场景的鲁棒性。

表 7-2　不同算法对各类场景的平均 FM 值

算法	baseline	dynamic	smallship	slowship	mistiness
DPZivGMM	0.688	0.605	0.600	0.504	0.588
LBAdaSOM	0.620	0.413	0.387	0.463	0.616
codebook	0.678	0.428	0.459	0.270	0.223
PAWCS	0.779	0.714	0.251	0.294	0.344
LOBSTER	0.837	0.635	0.339	0.557	0.139
ViBe	0.844	0.668	0.764	0.580	0.370
SuBSENSE	0.854	0.743	0.249	0.321	0.565
OpSuBSENSE	0.805	0.701	0.743	0.641	0.734
MEADGS	0.809	0.635	0.581	0.559	0.659
SCSD	0.814	0.682	0.588	0.820	0.780
AdaShipDet_10	0.870	0.717	0.780	0.647	0.789

7.3.3　兼容性分析

为了验证本章提出的自适应运动目标检测系统的兼容性,对系统的算法模块集合中的算法进行调整,当算法模块发生改变时,测试系统的检测效果。本章分别去掉算法模块中综合评价值 FM 排名第 1 的 SCSD 算法、排名第 2 的 OpSuBSENSE 算法以及排名第 3 的 ViBe 算法时,进行检测实验的结果记录如表 7-3 所示,实验中阈值 T 均设置为 0.47。表 7-3 中 AdaShipDet_9 为去掉 SCSD 算法的结果,AdaShipDet_8 为同时去掉 SCSD 算法和 OpSuBSENSE 算法的结果,AdaShipDet_7 为同时去掉 SCSD 算法、OpSuBSENSE 算法和 ViBe 算法的实验结果。表 7-3 的数据表明,在去掉 SCSD 算法后,AdaShipDet_9 的综合评价值 FM 高出各算法模块中得分最高的 OpSuBSENSE 算法 5.3%;其召回率 Re 降低了 6.3%,但准确率 Pr 高出 16.2%。在同时去掉 SCSD 和 OpSuBSENSE 算法后, AdaShipDet_8 的综合评价值 FM 高出各算法模块中得分最高的 ViBe 算法 12.8%;其准确率 Pr 降低了 1.9%,但召回率 Re 高出 17.6%。在同时去掉 SCSD 算法、OpSuBSENSE 算法和 ViBe 算法后,AdaShipDet_7 算法的综合评价值 FM 高出各算法模块中得分最高的 MEADGS 算法 12.8%,且准确率 Pr 高出 16. 6%,召回率 Re 高出 6.4%。这些数据表明:当被学习的算法模块发生变化时, AdaShipDet 系统能持续表现出更优的检测效果。亦即本章提出的自适应运动目标检测策略对各算法模块固有的特性不敏感,在运算速度满足要求的情况下,可以整合尽可能多的算法,具有良好的兼容性。

表 7-3　AdaShipDet 算法可扩展性实验结果

算　　法	Pr	Re	FM
MEADGS	0.637	0.730	0.655
ViBe	0.782	0.655	0.664
OpSuBSENSE	0.642	0.868	0.718
SCSD	0.756	0.758	0.741
AdaShipDet_7	0.743	0.777	0.739
AdaShipDet_8	0.767	0.772	0.749
AdaShipDet_9	0.746	0.814	0.756

7.3.4　实时性分析

表 7-4 显示了不同算法模块数量 n 下 AdaShipDet 系统对单帧图像的处理时间。由表 7-4 可以发现,当 n 为 10 时,AdaShipDet 处理单帧图像的时间为 32.2ms, 帧率 FPS 为 31,能满足实时性要求。且随着算法模块数量 n 的增加,AdaShipDet 对单帧图像的处理时间呈线性增长,时间复杂度为 $o(n)$,增长速度在可接受的范围内,为后续的算法扩展提供了保障。这里需要说明的是,本章提出的自适应策略计算的基础是预先得到各算法模块的检测结果。由于各算法对运动目标的检测相互独立,可采用多线程处理和分布式处理实现对各算法的并行计算,当硬件满足条件时可以实现实时性要求。

表 7-4　各算法模块数量下对单帧图像的处理时间（ms）

n	2	3	4	5	6	7	8	9	10
时间	7.8	11.1	14.6	17.1	19.8	22.9	26.5	29.3	32.2

参 考 文 献

［1］ ZIVKOVIC Z. Improved adaptive gausian mixture model for background subtraction ［C］//International Conference on Pattern Recognition (ICPR). UK：Cambridge，2004 (2)：28 - 31.

［2］ MADDALENA L，PETROSINO A. A fuzzy spatial coherence-based approach to background/foreground separation for moving object detection ［J］. Neural Computing and Applications，2010，19(2)：179-186.

［3］ ST-CHARLES PL，BILODEAU G，BERGEVIN R. A self-adjusting approach to change detection based on background word consensus ［C］//IEEE Winter Conference on Applications of Computer Vision. IEEE，2015：990-997

［4］ ST-CHARLESSP L，BILODEAU G A. Improving background subtraction using Local Binary Similarity Patterns ［C］//Applications of Computer Vision. IEEE，2014：509-515.

第8章　船舶视觉检测库建立 与算法实验平台设计

　　到目前为止,在内河航运场景下的运动船舶检测领域,还没有一个公开发布的面向内河航运的运动船舶检测视频库。相关研究学者为证明算法的准确度、有效性以及对比其他算法时,常常只能通过某种途径获得的视频来进行实验和对比分析。本书的作者团队以长江干线航段为主,在南方诸多内河航段采集航运视频数据,建立了一个视觉检测用的数据库,并设计了一个检测算法实验平台,供同行快速学习和研究。

8.1　船舶视觉检测库建立的必要性

　　不同地域、不同气候、不同天气、不同时段 CCTV 视频的质量会有所差异。与此同时,由于内河场景极其复杂,目标船舶在运动过程中可能会经历不同类型不同程度的内部、外部干扰。两方面因素的复合作用使得内河运动船舶的模式具有突出的多样性。在视觉检测领域,为了验证所提算法是否有效或者比其他算法更优,通用做法是将所提算法与其他对比算法在被研究者广泛使用的视觉检测标准库[1,2,3,4,5,6]上进行综合测试。但是,上述视觉检测标准库的侧重点是对通用目标的检测,而不是对某一类目标的检测。如与上述视觉检测标准库不同,文献[7]设计的标准数据库是专门解决阴影环境下的目标检测问题,其优势表现在:(1)该视觉数据库是从特定的实际问题出发以探索解决某一实际问题更有效的方法,因此数据库的针对性更强,实验测试目标也更明确;(2)根据通用场景通用目标类型所构建的视觉检测系统需要综合考虑的因素太多,设计本身具有极高的难度,而且解决特定问题的效果不一定最好;(3)在通用视觉检测标准库上表现良好的视觉检测系统在解决某一特定问题时却未必比其他算法占优。综上所述,建立以实际问题为背景的标准视频数据库对于更好地解决该问题尤为重要。

　　但是遗憾的是,在内河航运船舶视觉检测领域,目前还没有公开发布的内河船舶检测标准数据库。为了验证所提算法是否有效或者比其他算法更优,从事内河航运相关领域研究的学者们的一般做法是将所提算法与其他对比算法在自己收集的数据集上进行实验对比。这种做法具有比较突出的局限性,主要体现在:(1)数据样本太少,通常只包括 4～10 段船舶视频序列,以每段视频序列 1000 帧为例,测试数据集仅包括 4000～10000 帧图像,显然不足以对比算法的优劣;(2)数据集往往侧重于某一方面的属性,比如只考虑目标船舶在运动过程中经历尺度变化干扰的情况。此种实验对比缺少完备性,因为该实验只能验证和对比在此干扰条件下各检测系统的性能优劣,而在其他干扰条件下的性能却无从知晓;(3)为了显示算法的优越性,数据集的采集往往具有很明确的针对性,采集特定算法针对性较好的数据集能够更好地分析算法的特点,因此无法公平地对算法进行有效评估;(4)没有提供数据集的基准值 Ground Truth,致使评估结果无法复现。因此,亟须建立公开的、完备的、具有代表性的内河航运船舶视觉检测用的运动船舶检测视频库。

8.2　　船舶视觉检测库的建立

内河航运船舶视觉检测库的建立经过了视频数据获取、筛选、格式转换、加工、标定等多道工序,工作量比较大,要求参与的人员细致认真。

（1）视频来源

为建立内河航运运动船舶视觉检测数据库,本书的作者团队与各地海事局（处）联系,如浙江温州、瓯江,湖北武汉,安徽芜湖,广东佛山,安徽安庆等地,获得了内河航运船舶监控录像,其中重点选取船舶流量较大、船舶种类繁多、船舶航行状态变化丰富的航段,同时注意不同季节、不同时段的视频数量一致性,保证视频样本的多样性。

为保证视频样本的完备性,团队成员进行实地拍摄补充,或者与船舶公司联系将摄像头安装在趸船或抛锚在内河水域的船舶上,以便连续获取不同时段的视频数据。长江武汉段,作为重要的水上交通枢纽之一,船舶流量大、船舶种类较多,是很好的实地拍摄地点之一。所以,我们在武汉长江大桥、长江二桥及沿江特定地点,实地拍摄了许多需要补充的视频,共获得内河航运船舶监控视频约 1TB 数据。

（2）视频筛选

获得的监控录像,可能在某些航段重复度较高,场景单一,此时需要删除掉一部分该场景的视频。内河视频监控是 24 小时分时段保存,夜间无光照,视频清晰度极差,应舍弃夜间视频。长江江面冬春两季经常被雾气笼罩,几乎看不到船舶,此时需要先对视频进行去雾处理,才能进行运动船舶检测。实地拍摄的视频由于人为抖动、视频画面抖动,容易对检测结果产生干扰,因此我们删除了抖动较大的视频。

（3）视频格式转换

海事监管部门建立的内河航运闭路电视监控系统和实地拍摄使用的设备不同,分别是网络摄像机和普通摄像机,拍摄的视频格式也不同,分别是 H264 和 mp4 格式。OpenCV 在读取 H264 格式视频时会出现读取失败的情况,为了规范统一,需要对视频进行格式转换,全部视频的数据转换成可直接保存、OpenCV 读取不会报错的 avi 格式。

（4）视频剪辑

一般内河流域上午 10 点至下午 14 点的时间段,船舶流量较大,其他几个小时甚至十几个小时都可能无船经过,应关注船舶的运动情况,需剪辑掉这些视频。另外,船舶航行速度慢,从驶进画面到驶出画面需要 40 多分钟,如果此时场景没有发生变化且船舶尺度没有发生变化,则仅保留到船舶航行到画面中央的时间,这样视频时间不会太长。如果船舶尺度发生变化,或场景发生变化等,视频可以保留较长时间。在运动船舶检测领域,某些算法需要训练视频,即无船的训练帧,此时从船驶进画面时往前预留 15s 的无船图像,由于视频帧率一般为 25 帧 /s,15s 就有 375 帧,完全满足某些算法的要求。剪辑后的检测视频库共有 100 段,共计 2.5G,每个视频在 20 ~ 90s 范围内,有 400 ~ 2000 帧,当船舶为快艇时,则视频较短。

（5）视频属性设定

根据第 2.2 节的研究,将检测视频库的数据主要分为表 8-1 所示的十种属性。

表 8-1　五种有含义代码的类型比较

属性	属性值	属性值代码	说　　　明
船舶数目	单条／多条	1/0	视频中的船舶数目
天气条件	晴天／阴雨	1/0	只考虑晴天和阴雨
光照变化	有／无	1/0	视频中是否有光照变化

属性	属性值	属性值代码	说　　　明
尺度变化	有 / 无	1/0	面向或远离摄像机航行
船舶速度	快 / 慢	1/0	船舶航行速度快慢
背景	动态 / 静态	1/0	内河背景是否运动,如水波纹、摇摆树枝等
初始帧有无船	有 / 无	1/0	第一帧图像有无船
间歇性运动	有 / 无	1/0	船舶运动一段时间后静止,或先静止一段时间后又开始航行
阴影	有 / 无	1/0	船舶是否有阴影
波纹	有 / 无	1/0	船舶航行过程中可能会带起波纹

将船舶视觉检测库中每个视频按照如下规则命名:阿拉伯数字顺序编码 _ 视频属性。例如:0001_1101001001 表示"0001_ 单条船 _ 晴天 _ 光照无变化 _ 尺度有变化 _ 速度慢 _ 静态背景 _ 初始帧无船 _ 无间歇性运动 _ 无阴影 _ 有波纹"。前四位是标识位,在视频库中唯一,如图 8-1 所示。

图 8-1　运动船舶检测视频库的数据排列

（6）视频标定

为分析检测结果与真实结果之间的差异,需要给出视频的 Ground truth 图像。由于内河视频较大,船舶运动形式比较单一,可选取视频中的 400 帧图像进行标定,选取的视频标定帧应具有代表性。在标定过程中,利用 PhotoShop 软件的"魔镜"功能,同一帧图像由多人共同标定,最后取其平均值。

如图 8-2 所示,船舶视觉检测库的每个视频文件夹下包括 input 文件夹、groundtruth 文件夹、temporalROI. txt 文件。input 文件夹存放的是原始图像序列,图片的命名方式为 in%06d.jpg,图像的大小均为 320 × 240 像素。groundtruth 文件夹存放的是视频标定图像,图片的命名方式是 gt%06d.jpg,每张图片中前景目标(船舶)用白色表示,其余像素均为黑色,当每个算法、每个视频处理完后,将检测结果和 groundtruth 文件夹下的图像进行对比,得到性能评价指标。temporalROI.txt 文件表明此图像序列的多少帧有标定图像。当且仅当temporalROI.txt 文件和 groundtruth 文件夹同时存在时,才能完成性能评价指标的计算。

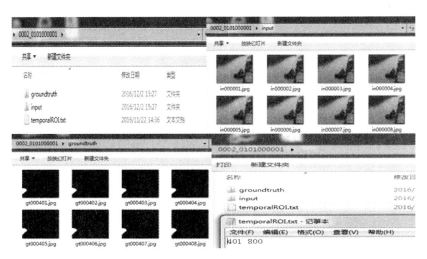

图 8-2　检测视频库每个视频格式及内容

8.3　算法实验平台设计

为方便相关研究学者进行算法实验,并与其他算法进行比较分析,有研究团队将开发的算法实验平台提供给同行研究,为同类研究者提供了一个学习、培训和分析比较的公开平台。本书作者针对内河航运运动船舶检测的算法研究设计了一个算法实验平台。

在运动目标检测领域,Andrews Soral 开发了免费的、公开的背景减除法库BGSLibrary(Background Subtraction Library)[8],集成了背景减除法先进的 37种算法。BGSLibrary 使用的是基于 OpenCV 的 C++ 框架,效率高、稳定性强。如图 8-3 所示,BGSLibrary 可以选择不同算法、本地视频、利用摄像头直接采集视频、不同格式的图像序列进行实验,可以指定运动目标检测执行的起始帧,在运动目标检测过程中可以实时展示输入图像、背景图像、前景图像，分别保存它们，功能丰富。但其存在以下不足：(1) 含有 groundtruth 的视频／图像序列，未展示出 groundtruth，不能直观、实时地比较前景图像与 groundtruth 的差异；(2) 无前景图像与 groundtruth 的定量比较，评价指标的结果未列出；(3) 每种算法都使用固定参数，不能随不同视频、不同领域而改变。

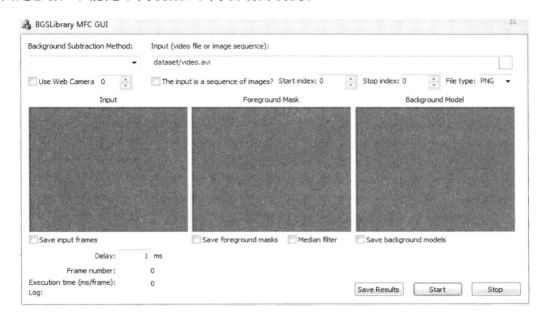

图 8-3　BGSLibrary 界面

在内河船舶跟踪领域，文献［9］开发了内河航运船舶视觉检测与跟踪软件平台[10]。该平台采用 B/S 系统架构，前端只需一般网页浏览器即可完成实验，集成了运动目标检测领域先进的 31 种算法。如图 8-4 所示，内河航运船舶视觉检测与跟踪软件平台主要有以下功能：(1) 注册登录功能；(2) 用户可使用平台集成的算法，使用平台提供的视频或本地视频进行实验，并分析每个算法的效果以及不同算法间实验结果的性能差异；(3) 用户可将自己的算法或视频上传到服务器，也可从服务器上下载平台的算法或视频；(4) 用户可在 BBS 论坛上发帖讨论、回帖、交流学习经验。内河航运船舶视觉检测与跟踪软件平台仍有以下弊端：(1) 当用户想要查看视频的 groundtruth 时，需打开新界面进行缓冲，这需要延长一些时间；(2) 用户想要采用自己的算法用平台的视频进行实验时，需下载平台视频，如果需要多个视频，则需要下载多个视频，此操作耗时较长，不方便用户操作；(3) 运动船舶检测过程中，没有实时展示实验结果，而是将前景图像保存到服务器,再合并为视频供用户下载,不能形象、直观地比较前景图像与 groundtruth 的差异;(4)图像与 groundtruth 的定量比较结果被保存为 txt 文件,也需用户下载,未在界面上展示;(5)将 MATLAB 函数打包为 jar 包到 MyEclipse 项目中,而采用 MATLAB 调用 C++ 的混合编程函数则无法打包成 jar 包,程序无法运行。

图 8-4　内河航运船舶视觉检测与跟踪软件平台检测界面

综合 BGSlibrary 与内河航运船舶视觉检测与跟踪软件平台的优缺点,本书作者采用 MFC 以及基于 OpenCV 的框架开发内河视频监控中运动船舶检测算法实验平台,该平台的软硬件实现环境如表 8-2 所示。

表 8-2　内河航运运动船舶视觉检测算法实验平台软硬件环境

平台环境	具体环境
硬件环境	Inter(R) Xeon(R) CPU E5-2670 v2
操作系统	Windows 8 64 位
开发工具	Visual Studio 2013
主要软件技术	MFC,OpenCV2.4.9

8.3.1　关键技术实现

(1)基于 MFC 的用户界面设计

MFC(Microsoft Foundation Classes)封装了 WinAPI(Windows Application Program Interface,Windows 系统应用程序接口),将其分为用户界面的设计、对

文件的操作、多媒体应用、数据库访问等类,每个类包含众多常用的对象。程序员可以调用对象,设置对象属性,编写对象方法,或继承对象就可完成应用程序开发,无须关心对象的实现细节,使用方便、简单易行。类中的各种对象能够满足应用程序设计中的绝大部分需求,大大减轻了程序员编写代码的工作量,保证了程序良好的可调试性。MFC 类中提供的对象、对象的属性和各种方法均经过了严格的测试,从而保证了程序的可靠性和正确性。

通过调用 MFC 中的按钮、静态文本、位图、编辑框等控件,设置它们的属性和方法,完成用户界面设计。

(2) 基于 OpenCV 的算法实现

OpenCV(Open Source Computer Vision Library) 是由 Intel 公司创建、由 Willow Garage 提供支持的一个开源的跨平台计算机视觉库,可以在各个系统上运行,由一系列 C 函数和少量 C++ 类组成,实现了图像处理和计算机视觉领域的许多通用算法,具有轻量、高效的特点。OpenCV 拥有包括 300 多个 C 函数的跨平台的中、高层 API,消除了解决方案对硬件的依赖,不依赖于其他的外部库,对非商业应用和商业应用都是免费的,较好地提升了代码的执行速度,可以移植到 DSP 系统和单片机系统中,是图像处理和计算机视觉领域的相关研究学者广泛使用的库。

利用 OpenCV 实现各个算法的背景建模、像素分类、背景更新过程,每种算法单独作为一个文件夹,便于查找和扩展。

8.3.2　平台功能

本书作者设计的算法实验平台集成了 39 种近 20 年运动目标检测领域经典的、先进的算法供内河航运领域研究者学习、使用和分析比较,界面如图 8-5 ～图 8-10 所示,算法实验平台主要有以下八种功能:

(1) 选择算法。图 8-6 所示的界面上"Moving Ship Detection Method"中列举了 39 种近 20 年运动目标检测领域经典的、先进的算法以及改进算法,包含 Adaptive Background Learning、KDE、LBFuzzy Adaptive SOM 等大量本书中没有介绍的视觉检测算法。

(2) 选择视频、图像序列。图 8-7 所示的界面上"Input(video file or image sequence)"下,可以选择一个视频,如 dataset 文件夹下的 video.avi。如果想要选择图像序列,需先选中"The input is a sequence of image?",再点击"Input(video

file or image sequence)"，选择视频库中视频序列的 input 文件夹，如图 8-8 所示，即 dataset 文件夹下的 0002_0101000001 下的 input 文件夹。

（3）选择视频标定文件。如果当前选择的视频文件或图像序列有标定图像，可以点击"Groundtruth File"下面的浏览控件。注意：不能选中 groundtruth 文件夹，而是选中图像序列的名称，如 dataset 文件夹下的 0002_0101000001 文件夹，如图 8-9 所示。

（4）程序运行。在图 8-5 所示的主界面，"start"为程序运行命令，input、foreground 对话框显示程序运行中要求输入的图像、前景图像，Log 框体中会显示正在处理的图片或视频文件的绝对路径。如果功能（3）"选择视频标定文件"已执行，则 groundtruth 对话框会显示程序运行中相应的标定图像，且"Groundtruth frames："后面会显示 temporalROI. txt 中由多少帧到多少帧有标定图像。

（5）保存图像。在图 8-5 所示的界面中选中"Save foreground"后，可以保存图像，保存的路径是存放视频文件的路径或 input 所在的路径，且文件夹命名为"算法名称 _result"。如当前使用的是 0002_0101000001 图像序列和 DPZivkovicAGMMBGS 算法，前景图像保存在 0002_0101000001 下面的 DPZivkovicAGMMBGS_result 文件夹下，图片的命名方式为 bin%06d. jpg。

（6）参数设置。考虑到不同算法都有不同参数设置，而且参数与实验结果优劣息息相关，不同的视频应用不同的参数会得到不同的检测结果，如何得到最优的实验结果需要不断地调整参数。算法实验平台提供了参数设置和调整功能键，如图 8-5 所示，点击"Parameter"按钮后，会弹出"ParameterSet"对话框。界面上会列举出该算法中的参数，以及每个参数的当前值、取值范围、数据类型、默认值（文献中的默认值）。如图 8-10 所示，DPZivkovicAGMMBGS 算法中有"threshold"、"alpha"、"gaussians"3 个参数，其中"threshold"参数的当前值为 25，取值范围为 0 ~ 255，数据类型为 int，默认值为"25"。通过这些值，用户可以合理地、方便地调整参数。

（7）运行状态说明。图 8-5 所示的"State"框体中展现的是程序在运行中的状态。Frame number："460"表示正在处理图像序列中的第 460 张图像。Execution time(ms/frame)："11"表示处理 460 帧图像，平均一帧需要 11ms。Delay：1ms 表示隔 1ms 后再处理下一帧图像，这个值可以由用户设置。有的算法运行效率非常高，可能看不清每一帧的处理结果，这时就可以通过设置较长的延时，看清每一帧的实验结果。

（8）性能评价指标。图 8-5 所示的界面"Evaluation"框体中展现的是当前图像序列或视频文件已被处理完且有标定图像时，得到的检测结果可与标定图像进行对比，得到 Recall、Specificity、Precision、FPR、FNR、FMeasure、PWC 共 7 个性能评价指标的值。

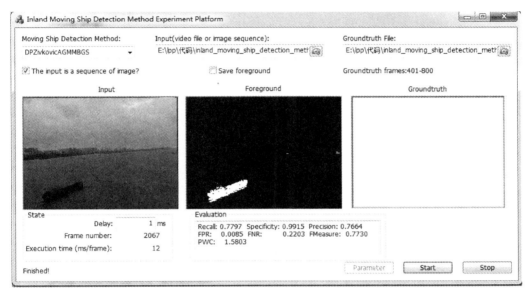

图 8-5　平台主界面

图 8-6　选择算法

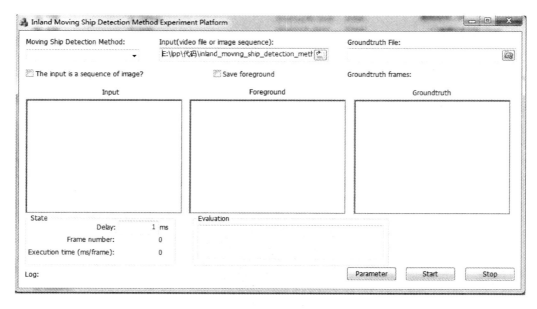

图 8-7　选择视频文件

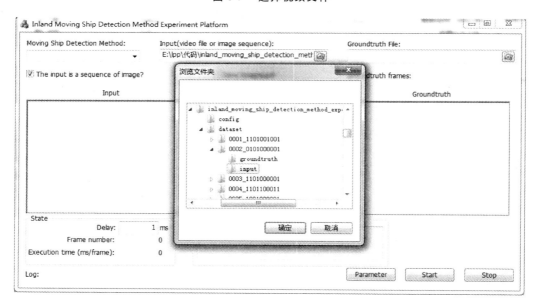

图 8-8　选择图像序列

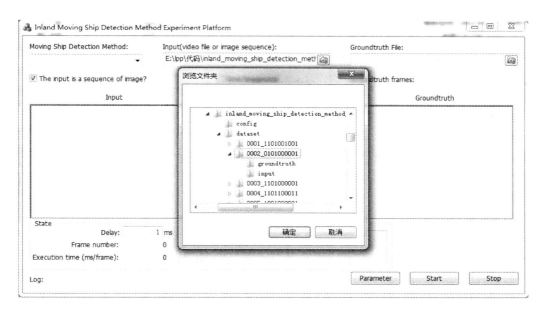

图 8-9　选择视频标定文件

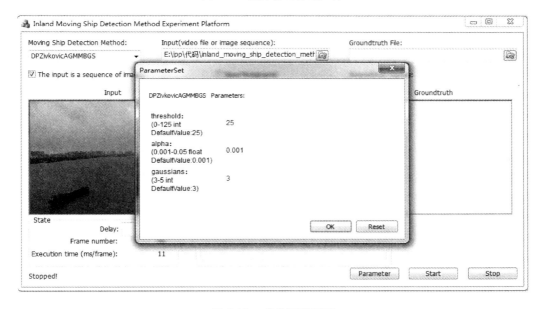

图 8-10　参数调整界面

本书作者设计的算法实验平台以光盘形式赠送给读者,方便读者学习使用。

参 考 文 献

[1] PETS-2000:IEEE Int. WS Perfor. Evaluation of Tracking and Surveillance,2000

[2] PETS-2001:IEEE Int. WS Perfor. Evaluation of Tracking and Surveillance,2001.

[3] PETS-2004:IEEE Int. WS Perfor. Evaluation of Tracking and Surveillance and EC Funded CAVIAR project/IST 2001,2004.

[4] GOYETTE N,JODOIN P M,PORIKLI F,et al. Changedetection. net:A new Change Detection Benchmark Dataset [C]. Computer Vision and Pattern Recognition Workshops,2012:1-8.

[5] WANG Y,JODOIN P M,PORIKLI F,et al. CDnet 2014:An expanded change detection benchmark dataset [J]. Computer Vision and Pattern Recognition Workshops,2014:393-400.

[6] 滕飞,刘清. 内河航运运动船舶视觉跟踪算法[M].武汉:武汉理工大学出版社,2017.

[7] http://cvrr. ucsd. edu/aton/shadow/[EB/OL].

[8] https://github. com/andrewssobral/bgslibrary[EB/OL].

[9] 滕飞. 基于视觉的内河重点水域船舶跟踪算法研究[D].武汉:武汉理工大学,2014.

[10] http://218. 197. 117. 119:8080/inis_videoProcess/upweb/index. jsp .